中小学智能教育创新及实践

贾汇亮　总主编

信息技术环境下 "六智融合"校本育人模式的 研究与实践

关绮雯◎著

暨南大学出版社
JINAN UNIVERSITY PRESS

中国·广州

图书在版编目（CIP）数据

信息技术环境下"六智融合"校本育人模式的研究与实践/关绮雯著. —广
州：暨南大学出版社，2024.12
（中小学智能教育创新及实践/贾汇亮总主编）
ISBN 978 – 7 – 5668 – 3894 – 0

I.①信… II.①关… III.①小学教育—教育研究—广州 IV.①G622.0

中国国家版本馆 CIP 数据核字（2024）第 069068 号

信息技术环境下"六智融合"校本育人模式的研究与实践
XINXI JISHU HUANJING XIA "LIUZHI RONGHE" XIAOBEN YUREN MOSHI DE
YANJIU YU SHIJIAN
著　者：关绮雯

出 版 人：阳　翼
统　　筹：黄　球　潘江曼
责任编辑：黄　球　梁安儿
责任校对：刘舜怡　王雪琳　何江琳
责任印制：周一丹　郑玉婷

出版发行：暨南大学出版社（511434）
电　　话：总编室（8620）31105261
　　　　　营销部（8620）37331682　37331689
传　　真：（8620）31105289（办公室）　37331684（营销部）
网　　址：http://www.jnupress.com
排　　版：广州市新晨文化发展有限公司
印　　刷：广州市友盛彩印有限公司
开　　本：787mm×1092mm　1/16
印　　张：10.75
字　　数：210 千
版　　次：2024 年 12 月第 1 版
印　　次：2024 年 12 月第 1 次
定　　价：49.80 元

（暨大版图书如有印装质量问题，请与出版社总编室联系调换）

总　序

在人工智能和教育数字化转型快速发展的当下，中小学教育正经历着前所未有的变革，人工智能和数字化技术如同催化剂，推动着中小学教育不断创新与实践。在这个背景下，广东省在中小学教师信息技术应用能力提升工程2.0项目实施周期，开展了广东省中小学"百千万人才培养工程"智能教育名校长培养项目，目标是培养一批在智能教育创新与实践方面能够发挥示范引领作用的中小学名校长。三年培养周期内，参训校长们结合智能技术的发展趋势和学校实践改革的需要，鼎力合作开展了深入的智慧教育创新实践，"中小学智能教育创新及实践"丛书应运而生，它不仅是时代发展的必然产物，更是20位中小学智能教育名校长智慧与心血的结晶。

这套丛书聚焦中小学教育的多个关键领域，以智能创新为核心线索，深入探索教育的新路径、新模式。《做有智慧的教育——一所乡村小学智慧教育的思与行》展现了乡村小学在资源有限的情况下，积极探索智慧教育的艰辛历程与宝贵经验，为乡村学校智能教育的发展提供了借鉴和信心；《信息技术环境下"六智融合"校本育人模式的研究与实践》深入剖析了信息技术与校本育人的融合之道，提出了具有创新性和可操作性的校本育人模式；《行走在智慧教育的路上》记录了教育工作者在智慧教育探索中的点滴感悟与成长，为同行们提供了精神上的支持与鼓励、实践上的思路和策略；《写作可以这样教——技术赋能的写作学程设计》聚焦于写作教学这一重要领域，借助智能技术，为写作教学提供了全新的思路和方法，激发学生的写作兴趣和潜能；《智能教育创新的探索与实践研究——以惠州市第十一小学为例》关注智能时代教师研修活动的开展、学生数字素养课程的实施，以及家校社协同育人平台的建立，探讨如何根据学校的实际情况进行教育创新；《学校数字化转型的"怡然"探索》以学校数字化建设案例为依托，结合"怡然教育"的办学特色，展示了学校在数字化转型过程中的实践经验和成果，为其他学校提供了有益的参考;《"四环一体"跨学科主题学习模式的构建》则着眼于跨学科主题学习这一前沿领域,在智能环境支撑下,构建了"四环一体"这种独具特色和创新性的综合学习模式,培养学生的综合素养和创新能力。

这套丛书的作者均为中小学教育一线的校长,他们既有丰富的学校管理经验和教育教学经验,又有积极接纳智能技术的创造力和活力。他们将自己的实践经验与智能技术相结合,形成了一系列具有创新性、实用性和可操作性的研究成果。这些成果不仅是对中小学智能教育创新与实践的有益探索,也是对教育改革与发展的积极贡献。我们相信,这套丛书的出版,将为广大中小学教育工作者提供一个学习、交流和借鉴的平台,激励更多的教育工作者投身于智能教育创新与实践的探索中,共同推动中小学教育的改革与发展。同时,我们希望这套丛书能够为教育研究者提供丰富的研究素材,为教育政策制定者提供有益的参考,为社会各界了解中小学教育的发展提供一个窗口。

本套丛书得以顺利出版,首先感谢广东省中小学"百千万人才培养工程"智能教育名校长培养项目的学术班主任钟丽霞博士的学术引领和统筹推进;其次感谢在智能教育实践中不吝分享自己实践智慧的各位校长;最后感谢暨南大学出版社的编辑们的辛苦付出。

教育是一项伟大而光荣的事业,智能创新是推动教育事业发展的重要动力。当前,人工智能正在快速发展,我国教师数字化转型方兴未艾,让我们携手共进,在智能教育创新与实践的道路上不断探索,为培养更多具有创新精神和实践能力的新时代人才而努力奋斗!

广东第二师范学院

贾汇亮

2024 年 12 月

自　序

数字信息技术和人工智能等新兴技术的发展，给现代教育带来了革命性的影响，从教学工具到教育理念、思维方式、教学形态、文化生态、育人模式等，都将发生全方位全过程且广泛而深远的变革。

面对新形势新机遇，广州市番禺区实验小学作为一所年轻的学校，具有较高的起点，同时肩负着家长对优质教育的高度期盼。但仅凭一支平均年龄不到30岁的教师队伍，如何能在短时间里实现"弯道超车"，打造一所高水平的现代化学校，努力让每一个孩子都享受公平而有质量的教育？

智慧教育，成为我们坚定不移的选择。

从实现最基本的网络全覆盖，到配备智能化的教育教学装备，打造智慧仁爱的场室空间和育人环境，再到搭建丰富优质的教育资源平台，探索高效多元的智慧课堂，构建行之有效的智慧育人模式……我们一步一个脚印，一步一个台阶，从"互联网＋教育"的初学者成长为数字信息技术教育方法的熟练掌握者，从一片无人踏足的"荒漠"走向智慧教育的"阳光大道"。

一路荆棘，一路繁花。学校管理者无数个寒冬夏日的执着和汗水、教师们无数个深夜里挑灯奋战的艰辛和心血，才换来今日的成绩。值得欣慰的是，在努力付出的过程中，我们收获满满。我们的孩子在智慧教育中茁壮成长，我们的教师收获了职业发展，我们的学校也逐渐在强校之林中崭露头角。我校被评为教育部网络学习空间应用普及活动优秀学校、教育部人文社科项目"网络空间提升学习自我效能感的研究"实验学校，成为广东省融合创新项目优秀成果奖学校、广东省首批信息中心学校等。我们在立德树人根本任务的导向下，在"以仁爱为本，以智慧为美"的办学理念引领下，在智慧环境的浸润、仁智课程的培育、智动课堂的推动、智趣活动的探索、智享资源的渗透、智能评价的激励下，积极推进学生德智体美劳全面发展，逐步形成了"六智融合"的校本育人模式，走出了一条独具特色的智慧育人之路。

这也是本书主要叙述的内容和呈现的成果。我们将紧扣当前教育数字化发展的新潮流和新趋势，围绕智慧教育建设的背景、理论、行动策略，结合广州市番禺区实验小学的校本实践案例，生动呈现学校开展智慧教育建设的经验和方法。

本书共分为六章，第一章主要阐述了智慧教育的背景、引发的教育变革以及思考、新时代的智慧教育内涵和策略等；第二章生动呈现了学校智慧教育的探索故事，总结了"六智融合"育人模式的主要成果；第三章至第六章则分别从智慧环境、智趣活动、智享资源、仁智课程、智动课堂、智能评价等方面详细介绍了广州市番禺区实验小学推进"六智融合"校本育人探索及实践的行动方案和具体举措。希望这些经验和做法能起到抛砖引玉的作用，给广大的教育工作者带来思考和启发，为推进教育数字化和教育现代化贡献绵薄之力。

在本书成果凝练和书稿撰写的过程中，我们得到了上级领导、诸多专家学者和教育界同人的鼎力支持和帮助。其中，有来自华南师范大学的柯清超教授团队和胡小勇教授团队，他们对我校智慧校园发展提升作了高位的规划和指引，使我们不断得到新的突破；有来自华南师范大学的刘繁华副教授团队，他们自始至终鼎力相助，帮助我校的智慧校园建设从稚嫩走向成熟；有来自广东省教育技术中心（广东省电化教育馆）的唐连章馆长、许力副馆长，应用推广部的杨明欢主任、黄桂芳副主任，还有广州市电化教育馆的彭斌副馆长、李赞坚主任、罗航主任、容蓉老师等，他们为我校的智慧校园建设提供了很多宝贵的指导意见，给予了大力支持和帮扶；还有广州市番禺区教育局吴岳冬二级调研员和广州市番禺区教师进修学校（广州市番禺区教师发展中心）黎耀威副校长、丘志强主任、伍健强教研员等，他们作为我校理事和指导专家，参与了我校智慧校园建设的全过程，从初始建设阶段的整体规划，到发展阶段的资源配给，对我校的成长给予了高度的关注和帮扶。我们还得到了各级领导和诸多同行的关心和帮助，不再一一列举，在此一并表示感谢！

党的二十大报告首次对教育、科技、人才进行"三位一体"统筹安排、一体部署，首次将"推进教育数字化"写入报告，标志着以数字和信息技术为关键的智慧教育将进入新的发展阶段。我们也将始终"守"中国传统文化之"正"，"创"新时代育人要求之"新"，把好学校发展和育人的方向，沿着智慧教育的"阳光大道"愈走愈深、愈行愈远……

由于学识、时间所限，书中难免有疏漏、不足之处，请读者朋友批评指正。

关绮雯

2024 年 5 月

目 录
CONTENTS

第一章

数字时代的教育变革

第一节　数字时代的教育趋势

习近平总书记在 2019 年 5 月 23 日《新闻联播》中提出，当今世界，科技进步日新月异，互联网、云计算、大数据等现代信息技术深刻改变着人类的思维、生产、生活、学习方式，深刻展示了世界发展的前景。随着全球化的加速和现代信息技术的快速发展，国际社会对数字产业发展的高度重视以及人工智能、物联网、云计算等新一代技术的广泛应用，教育领域正在经历一场前所未有的变革。

教育是关系着科技进步和未来人才培养的基础工程，许多国家和地区纷纷大力推动教育信息化、数字化转型升级，以此引领现代人才培养模式升级和科技创新发展。在这样的背景下，教育事业的转型升级正在成为全球教育领域关注的焦点。关于 21 世纪的教育如何变革与发展，国际上做过诸多研究和探索性实践，最终达成一个共识，即聚焦于"教育数字化转型"。[①] 全球发达国家和地区开始在教育领域中大力推进教育数字化进程，我国也紧跟世界大潮，加快教育数字化转型升级的步伐，教育数字化是未来教育发展的必然趋势。

---

① 祝智庭. 教育数字化转型新认知［J］. 教育家，2023（4）：13 – 15.

一、全球视野下的教育数字化浪潮

发达国家例如美国、英国、德国等已经大力推进教育数字化发展，走在了现代教育转型的前列，亚洲的日本、韩国、新加坡等国家也早就开始了探索和实践。

联合国教科文组织于 2020 年发布了《教育数字化转型：联通学校，赋能学习者》报告，提出让学校连接互联网以缩小数字鸿沟，让数字技术赋能学生以发展其面对未来所需要的综合能力。这一报告聚焦新时代教育变革的核心问题，也意在为教育数字化的发展描绘新的框架蓝图。

美国是较早在世界范围内推进教育技术革命的代表之一。自 1996 年起，美国联邦政府每隔四五年发布一期"国家教育技术计划"，不断推进教育基础设施、课程与教学信息化、数字化转型和建设。在 2016 年推出的"国家教育技术计划"中，美国在开展学生个性化学习、推进技术支持教学、提升教育信息化领导力等方面做了全面系统的规划和部署，为通过技术实现国家的学习愿景和计划、推动教育的技术革命绘就了纲领蓝图。与此同时，美国积极推进基于科学技术本位的人才培养和核心素养的研究。早期美国教育界将学生素养界定为"3R"（阅读、计算与写作），后来转变为"4C"（审辨思维、创新、沟通、合作），最后又在"4C"基础上提出"5C"（审辨思维、创新、沟通、合作、文化理解与传承）。此外，在课程与教学改革方面，美国相继推出"四维教育"（知识维度、技能维度、角色维度和元学习维度）和"人工智能教育"等，加强 STEM 教育，全面培养数字时代的创新型人才。[1]

德国提出"数字教育倡议"，致力于提升个体数字技能。2016 年，德国联邦教育与研究部推出"数字型知识社会"战略，聚焦数字化教育、数字化基础设施、数字化与国际化融合发展等领域，提出"数字化教育世界 2030"战略目标。同年，德国联邦各州文教部长联席会议发布"数字世界中的教育"战略，对教学计划、教学实施和课程开发、师资培养、继续教育和进修、基础设施和装备、教育管理和校园管理系统等作出明确规划。为寻求实施数字化教育路径，德国又于 2021 年开启"国家教育数字化平台"建设，该平台作为教育现代化的重要项目之一，旨在为创新型教与学提供更广阔的数字访问

---

① 赵章靖，张珊. 数字化背景下的教育政策与实践 [N]. 光明日报，2022 - 08 - 11 (14).

入口及支持服务。

　　为了应对当下和未来社会变革，日本政府提出"社会 5.0"（Society 5.0）的概念，具体是指虚拟空间与现实空间高度融合的社会系统，是实现经济发展并解决社会问题、以人为中心的新型社会形态。日本政府还提出了面向"社会 5.0"时代的"学校 3.0 构想"，重点开展了"社会 5.0"时代的教育信息化改革，特别是重新定义了信息素养，将其与语言能力、问题发现与解决能力一起视作学生应具备的三大基础能力。日本新的教育信息化目标旨在通过信息教育培养学生的学习力以及面向"社会 5.0"时代的生存力。日本政府为此推出了以改善学校教育信息化基础设施环境为目的的"五年计划"（2018—2022 年）。该计划强调运用人工智能等先进技术，建设"社会 5.0"时代的学校信息化环境，从而提高学生的信息素养，促进个性化学习，培养学生形成能动学习与合作意识。①

　　新加坡也非常重视对数字技术的应用，其在"智慧国家 2025"的十年计划中提出要建设全球第一个智慧国家。智慧教育是智慧国家的重要组成部分，因此新加坡政府推出了"未来学校"计划。"未来学校"指的是加大数字信息应用软件在教育教学中的普及与应用，创新教学方法与课程体系，培养师生自主创新能力，加强对外交流与学习等。新加坡国立大学教育学院专门成立了一个项目来承担探索新加坡未来智能化教育的任务，该项目名称为"未来教室 3.0"。它融合多种智能化技术，使得新技术融合的研发能力与教学框架基础上的课程相互促进，将教室空间打造为一个融合动力学、4D 沉浸技术、语义搜索及学习分析等 20 多种新技术的智能互动空间。② 智慧教育是新加坡推动人才战略、人才立国的重要途径，政府在初等教育、高等教育、师资培养等方面都积极推进智慧教育模式改革，投入大量资金对教学设施、基础条件、设备环境等进行相应的购置、布设、改造，不断以研究项目的形式加大对技术应用方式方法研究的投入，并取得了显著的成绩。

　　概览多国方略，教育数字化已从教育发展层面上升至人才培养和综合国力战略高度，与各国的科技进步和经济发展紧密联系在一起。各国围绕教育升级转型规划、数字教育基础建设、数字资源完善、师生数字素养提升等方

---

① 王素. 智慧教育的国家发展现状与趋势［EB/OL］.（2022 - 05 - 16）［2024 - 05 - 01］. http：//sli. bnu. edu. cn/a/xinwenkuaibao/yanjiudongtai/20220516/2522. html.

② 吴金栋. 新加坡高校智慧教育发展路径研究及启示：以南洋理工大学为例［J］. 大学教育，2022（10）：2.

面不断推进和深化，系统性、战略性、全方位推进教育数字化进程已成为国际教育发展的突出特征，也必将对教育变革产生深远影响。

二、我国的教育数字化发展之路

当前，教育数字化正处于高速发展的阶段，教育在信息化、智能化方面的发展已从单纯技术设施的集成化，提升为整合了技术、人才、服务等各类资源的巨型知识网格平台和公共知识服务体系。数字教育是在信息化环境下实现教育跨越式发展的必然选择，是破解教育发展难题的创新举措，对于转变教育思想和观念、深化教育改革、提高教育质量和效益、培养创新人才具有深远的意义。我国"十四五"规划中明确提出了"加快数字化发展，建设数字中国"的新目标。党的二十大报告也首次对教育、科技、人才进行"三位一体"统筹安排、一体部署，并首次将"推进教育数字化"写入报告，赋予了教育在全面建设社会主义现代化国家中新的使命任务，明确了教育数字化未来发展的行动纲领，具有重大意义。

我国推进教育信息化、数字化发展的进程大致可分为三个阶段：2000—2009 年这十年是信息化奠基与初步应用阶段；2010—2019 年这十年是信息化提升与普及应用阶段；自 2020 年开始至今是优质公平导向的数字化转型阶段，这个过程也将持续很长一段时间。①

（一）信息化奠基与初步应用阶段（2000—2009 年）

2000 年 10 月，教育部召开了全国中小学信息技术教育工作会议，颁布了《教育部关于中小学普及信息技术的通知》和《教育部关于在中小学实施"校校通"工程的通知》等重要的指导性文件，明确提出要"培养学生良好的信息素养"，标志着我国教育信息化进程的开始。后来又陆续颁发了《2003—2007 年教育振兴行动计划》《中小学教师教育技术能力标准（试行）》等相关文件，就普及信息技术教育，全面实施中小学"校校通"工程，促进信息技术与学科课程的整合，实施农村中小学现代远程教育工程，加快教育信息化基础设施、教育信息资源建设和人才培养，提升中小学教师信息技术

---

① 祝智庭. 教育数字化转型新认知［J］. 教育家，2023（4）：13–15.

能力等方面提出了新要求。

在这一阶段，教育信息化建设受到充分重视，在"校校通"工程、"农远工程"等项目的推动下，我国迎来了信息化建设的大潮，信息化事业迅速发展，信息化基础设施逐渐建成，数字化教育资源不断丰富，中小学教师信息技术能力逐步提升，信息化技术在教育教学中得到初步的应用，逐渐形成了具有中国特色的教育信息化理论。这也是我国教育信息化1.0的重要阶段。

（二）信息化提升与普及应用阶段（2010—2019 年）

2010 年，教育部印发的《国家中长期教育改革和发展规划纲要（2010—2020 年)》中明确提出要高度重视信息技术对教育发展的革命性影响。[①] 同年召开了全国教育信息化工作电视电话会议，指出要进行"三通两平台"建设。

2015 年，国务院印发的《国务院关于积极推进"互联网＋"行动的指导意见》给各行各业都冠上了"互联网思维"。2015 年再次召开的全国教育信息化工作电视电话会议提出，要"强化深度应用、融合创新，大力提升信息化在推进教育公平、提高教育质量中的效能"。同时，教育教学也开始注重学生个性化和差异化的学习需求，帮助学生打破时间和空间上的限制，通过互联网和移动终端，使学习活动可以随时随地发生。

2017 年初，全国中小学校园互联网接入率已经接近100%，并且保持着较快的设备设施迭代速度。智能硬件的普及少不了国家政策的支持，教育部发布了《2017 年教育信息化工作要点》，核心目标是基本实现具备条件的学校互联网全覆盖，多媒体教室占普通教室比例达到80%，普通教室全部配备多媒体教学设备的学校比例达到60%，基本形成国家教育资源公共服务体系框架。

2018 年 4 月，教育部印发的《教育信息化2.0 行动计划》中明确提出"以人工智能、大数据、物联网等新兴技术为基础，依托各类智能设备及网络，积极开展智慧教育创新研究和示范，推动新技术支持下教育的模式变革和生态重构"[②]。国内众多一、二线城市纷纷响应号召，制订了智慧教育建设的具体行动计划，展开智慧教育学校试点，很多 IT 企业也纷纷提出智慧教育

---

① 教育部. 国家中长期教育改革和发展规划纲要（2010—2020 年）［EB/OL］. (2010 – 07 – 29)［2024 – 05 – 01］. http：//www. moe. gov. cn/srcsite/A01/s7048/201007/t20100729_171904. html.

② 教育部，国家中长期教育改革和发展规划纲要（2010—2020 年）［EB/OL］. (2010 – 07 – 29)［2024 – 05 – 01］. http：//www. moe. gov. cn/srcsite/A01/s7048/201007/t20100729_171904. html.

解决方案。2018 年 6 月，国家市场监督管理总局中国国家标准化管理委员会公布了国家标准文件《智慧校园总体框架》，对智慧校园的顶层设计、智慧教学环境、智慧教学资源、智慧校园管理、智慧校园服务、信息安全体系等建设内容进行了明确规范，全国各地学校对标建设要求，探索智慧校园建设方向，逐步部署、分层实施，智慧教育开展得如火如荼。

（三）优质公平导向的数字化转型阶段（自 2020 年至今）

从"十三五"规划纲要正式将"数字中国"上升为国家战略开始，数字技术逐渐全面地应用于中国各领域的建设。教育领域的数字化改革逐渐加速，国家《"十四五"数字经济发展规划》强调推进教育新型基础设施建设，推动"互联网 + 教育"持续健康发展。

2020 年伊始，肆虐全球的新冠疫情加速了我国教育数字化转型的进程。突如其来的新冠疫情，引发了一次史无前例的大规模在线教学行动。面对新冠疫情，教育部立即启动"停课不停学"工作，以信息化有效支撑了近 3 亿师生的在线教学。2020 年 10 月，教育部科学技术司印发相关文件，计划开展"智慧教育示范区"创建项目，实现教育理念与模式、教学内容与方法的改革创新，积累可推广的先进经验与优秀案例，推动教育信息化融合创新发展。

2022 年全国教育工作会议上，教育部部长怀进鹏提出实施国家教育数字化战略行动。《教育部 2022 年工作要点》也将"实施教育数字化战略行动"列为重点任务。教育部以建设国家智慧教育公共服务平台为抓手，加快推进教育数字化转型和智能升级。

2023 年 3 月，国家智慧教育公共服务平台正式上线，聚焦学生学习、教师教学、学校治理、赋能社会、教育创新五大核心功能，持续更新迭代 6 个版本，构建起"三平台、一大厅、一专题、一专区"的格局，包括中小学、职业教育、高等教育三大资源平台，提供 26 项政务服务，上线"学习二十大云课堂""树人课堂"等 6 个专题，接入 15 个试点省份的智慧教育平台。

我国教育信息化、数字化事业经过 20 多年的进阶式发展，取得了举世瞩目的发展成就。在技术革新的有效支撑和应用驱动下，在社会各界的积极参与和大力支持下，我国教育信息化实现了从 1.0 到 2.0 的升级，现代信息技术对教育产生的"革命性影响"初现端倪。"三全两高一大"（即教学应用覆盖全体教师、学习应用覆盖全体适龄学生、数字校园建设覆盖全体学校，信息化应用水平和师生信息素养普遍提高，建成"互联网 + 教育"大平台，推动从教育专用资源向教育大资源转变、从提升师生信息技术应用能力向全面提升其信息素养转变、从融合应用向创新发展转变，努力构建"互联网+"条件下的人才培养新模式、发展基于互联网的教育服务新模式、探索信息时代教育治理新模式）目标的基本实现，为我国教育信息化、数字化发展奠定了坚实的基础。在新时代教育数字化战略行动的引领下，全国上下不断改进和完善数字教育资源和平台建设，赋能学生学习、教师教学、学校治理、教育创新和国际交流，必定能走出一条具有中国特色的教育数字化发展道路，为加快建设教育强国、实现中国式现代化提供有力支撑。

第二节 新兴技术引领教育变革

数字信息技术和互联网的普及使得教育不再局限于传统的课堂教学，学习变得更加自主和灵活。数字化的教学手段、学习资源和评估工具不断涌现，为学生和教师提供了更多的选择和机会。同时，数字时代也带来了新的挑战，例如伴随数字化而来的信息过载、数字鸿沟和信息安全等问题。如何更清楚地认识和把握新兴技术对现代教育带来的冲击和作用，是实现教育数字化转型的关键。

一、数字信息技术催生教育变革

教育数字化转型的根源在于数字技术在教育中广泛且深入的应用而引发教育的系列性变革。[①] 教育数字化转型是将现代信息技术作用于教育领域的各个层面，推动办学模式、教学范式、评价方式、管理体制等全方位创新与变革，从而重塑育人文化和教育生态，实现培养智慧人、现代人、面向未来人的过程。从基本层面看，现代信息技术对教育的影响在以下三个方面有明显的表现：

（一）人才培养方式的转变

教育数字化转型对人才培养提出了新的要求。党的二十大报告首次将教

---

① 祝智庭. 教育数字化转型新认知［J］. 教育家，2023（4）：13 – 15.

育、科技、人才"三位一体"统筹安排、一体部署，指出了教育对人才培养的历史和现实意义。《中国教育现代化2035》提出了推进教育现代化的八大基本理念：更加注重以德为先，更加注重全面发展，更加注重面向人人，更加注重终身学习，更加注重因材施教，更加注重知行合一，更加注重融合发展，更加注重共建共享。①

传统的教育模式注重知识的传授和学生的成绩评价，而新式教育则更注重学生的全面发展和终身学习能力的培养。教育数字化转型背景下的人才培养，更加要求学生在知识、技能、态度、价值观等方面具备全面发展的能力，能够应对各种复杂的社会环境和挑战；强调实践能力，要求学生能够将所学知识应用到实际生活中，解决实际问题，参与社会活动，为社会作出贡献；注重个性化发展，要求教育应该针对不同学生的兴趣、特长、需求和发展阶段，进行个性化的培养，以最大限度地发挥每个学生的潜能；提倡跨学科学习，要求学生应具备跨学科的知识和能力，能够跨越学科的边界，综合运用各种知识和技能解决实际问题；注重终身学习，要求学生具备终身学习的能力和意识，能够不断更新自己的知识和技能，适应不断变化的社会和职业环境。

（二）教师角色重塑

教师作为整个教育关系中的关键角色，在数字化转型中，其角色定位与功能也发生了改变。在互联网教育背景下，人们可以在电脑、手机、平板等信息技术工具随时连接互联网获取想要的信息，信息的来源增多，同时各种科普类自媒体、网课平台也逐渐兴起，传统的少数人对于知识的垄断已被打破，学习变得越来越泛在化和终身化，传统教师的权力逐渐分散。当然，教师这一角色并不会消失，反而会在数字时代的教育事业中变得更加重要，这体现在教师对于数字网络技术的应用上。教师作为实践先锋，可以利用现代信息技术备课和教学，借助网络视频、虚拟动画、电子游戏等方式帮助学生理解和消化知识。教师作为数字化转型中的主导者，将更好地充当现代技术与人才培养二者之间的纽带，为落实和完成教育数字化转型的目标和使命提供保障。

---

① 教育部.中共中央、国务院印发《中国教育现代化2035》[EB/OL].（2019－02－23）[2024－05－01］.http：//www.moe.gov.cn/jyb_xwfb/s6052/moe_838/201902/t20190223_370857.html.

（三）学习方式变革

随着信息技术的快速发展，越来越多的学习资源和学习机会可以通过互联网访问和获取。在线学习和远程教育的兴起使得学习变得更加灵活和便捷，学生可以随时随地进行学习而不受时间和地点的限制。在线学习和远程教育的发展也催生了许多创新的教育模式和教育技术。在数字化时代，学生对教育的需求和期望也在不断变化。个性化教育和定制化学习是数字时代教育的重要趋势。教师需要更好地了解学生的学习需求和特点，为每个学生提供量身定制的学习计划和支持。个性化教育和定制化学习可以提升学生的学习效果，也可以增强学生的学习动力和兴趣。以学生为中心的学习是数字时代教育的一大特点。传统的教育模式通常以教师为中心，强调教师对学生的教育控制和指导；而以学生为中心的学习则更加注重学生的主动性和参与度，强调学生在学习过程中的自主性和创造性，进而促进学生的全面发展和自我实现。

二、新兴技术推动现代教育创新发展

随着科技的不断进步，教育领域也在逐渐变得数字化、智能化、个性化和全球化。例如，人工智能、虚拟现实、区块链、大数据等新兴技术正在被广泛地应用于教育领域，为教学和学习带来了前所未有的便利和无限可能。这些新兴技术不仅拓展了教育的形式和内容，也提升了教育的效率和质量。通过数字化的教育手段、个性化的学习体验和全球化的教育资源，学生可以更加自主地学习和探索，教师可以更加高效地教学和评估，整个教育生态系统也变得更加开放和互联。因此，新兴技术推动着现代教育的创新发展，为学生和教师带来了更多的机会和挑战。

（一）人工智能和机器学习技术的应用

人工智能和机器学习技术可以帮助教师更好地了解学生的学习行为、学习成果和学习需求，并为每个学生提供个性化的学习计划和支持。例如，机器学习可以根据学生的学习习惯和表现预测学生可能遇到的难点，并给出相应的建议和支持，从而提高学生的学习效率和效果。

（二）数据驱动的教育决策和评估

数据驱动的教育决策和评估是数字化时代教育创新的重要趋势。教育机构和教师可以使用各种技术工具，如学生信息管理系统和在线评估平台，以更好地收集和分析学生的学习数据。这些数据可以帮助教师更好地了解学生的学习习惯、表现和需求，并能够更好地制定相应的教育策略和调整方案。同时，这些数据还可以用于评估教学效果和提高教育质量。

（三）教育游戏和虚拟现实技术的应用

数字时代为教育带来了许多全新的技术和工具，其中包括教育游戏和虚拟现实技术。教育游戏是一种结合游戏和教育的学习形式，它能够激发学生的兴趣和动力，让他们在愉悦的氛围中学习知识和技能。与传统教学相比，教育游戏能够更好地满足学生的需求，提高学生的参与度和学习效果。虚拟现实技术是一种模拟现实场景的技术，它可以让学生在虚拟的环境中开展学习和实践。虚拟现实技术可以帮助学生更深入地了解学科知识和技能，并且能够激发学生的学习兴趣和动力。虚拟现实技术在医学、工程、军事等领域已经得到广泛应用，在教育领域的应用也越来越普遍。

（四）跨学科教学和跨文化教育

跨学科教学和跨文化教育是数字化时代教育创新的另一种重要趋势。这种教学模式强调学科之间的融合和互动，将不同的学科知识相互联系起来，以更全面、深入的方式呈现给学生。通过跨学科教学，学生可以更好地理解知识的实际应用，更好地应对复杂问题。此外，跨文化教育也是数字化时代教育创新的重要方向之一。跨文化教育强调尊重和欣赏不同文化之间的差异，并鼓励学生在多元文化的环境下学习和交流。这种教育模式能够帮助学生培养国际视野、跨文化沟通能力和全球意识，使其具备应对全球化挑战的能力。

三、警惕教育数字化进程中的鸿沟

数字技术支撑下的教育改革进入深水区，但考虑到以人工智能为代表的新一代信息技术变革的复杂性和不确定性，教育数字化进程依然存在诸多挑战。例如，数字鸿沟的存在会造成技术应用过程中对信息和数字素养的要求越来越高、信息化和大数据带来的信息安全等问题,这些都是我们在教育数字化过程中需要警惕的鸿沟。

一是存在数字鸿沟。例如,不同地区的经济发展程度不同,教育信息化、数字化基础建设和环境条件也不尽相同,特别是一些偏远地区,由于网络技术的落后和设备的不足,学生们无法充分利用数字化教育资源,而教育资源的不平衡也进一步加剧了数字鸿沟。此外,数字资源的应用差异化也十分突出,具体表现为优质数字资源利用率低、信息技术支持服务能力不足。这是由对数字技术的应用存在认知偏差、教育教学的观念和习惯未及时更新、公共基础服务体系缺失等原因造成的。

二是数字素养的不足。师生的数字素养与技能有待提升,特别是城乡之间、区域之间和不同群体之间存在较大差距,全国互联网普及率达98%,而农村地区仅为60.5%。一些年纪比较大的教师是信息和数字时代的"后进生",容易因为无法熟练使用新型教学设备和软件而影响教学效果。另外,数字化时代下的信息爆炸让学生们容易受到各种各样非真实信息和不准确信息的干扰,如何分辨和利用真实的和有价值的信息,成为在数字教育时代提升学生数字素养的重要课题。

三是数字技术与教育融合的应用场景泛化,尚未考虑区域、学校、班级之间的差异和学生发展规律。目前数字技术作用于教育的过程还在初级阶段,针对不同场景和各个学段等不同特点人群的数字教育技术研究与开发还有很大的提升空间。目前的技术供给与教育中的场景需求难以持续互动与演进。与此同时,学习环境缺乏跨场域的联通性,导致学校、家庭、场馆等学习环境难以协同联动,还没有真正打破教育环境和信息空间的壁垒。

四是个人信息和数据安全。随着数字化技术在教育中的应用越来越广泛,在线教育平台可能会大量掌握学生的个人信息和收集大量学生的学习记录等,这些信息涉及学生的隐私,如果没有做好保护,可能会造成个人隐私的泄露。此外,在数字化时代,学生和教师的学习和教学活动都离不开网络,因此网络安全和数据安全的问题也越来越突出。如果学生和教师的个人信息和学习数据泄露,将会造成一定的风险。

四、推动技术与教育教学的深度融合

面对教育综合改革、《义务教育课程方案和课程标准(2022年版)》实施以及"双减"工作持续推进等一系列改革，社会各界需要进一步推动技术与教育教学的深度融合，加快教育数字化转型步伐，以实现教育高质量发展。

在政府层面，要加快数字化基础服务公共体系建设。依托国家智慧教育公共服务平台建设，提升资源供给、教师专业发展、跨域共享及协同创新功能，继续扩大资源应用规模和建设开发，促进数据融通，不断扩大覆盖范围和应用对象。加强新型基础设施建设，聚焦信息网络、平台体系、数字资源、智慧校园、创新应用等，为加快教育数字化转型提供基础保障。提升地方教育机构信息化服务能力和效率，系统推进区域教育数字化转型。例如，上海市积极推进"数据治理、基座联结、生态培育"的教育数字化转型实践；广州市推进智慧教育示范区建设工作等。

在学校层面，围绕新时代的人才培养目标和新的办学理念，从办学模式、育人环境、教学方式、管理体制、保障机制等方面全方位、全要素推进教育数字化转型，构建基于人的全面和自主发展，学校与家庭、社会协同运行，教育与环境和谐共生的新生态。应从以下几方面着力：

第一，在教育环境方面，依托国家教育新基建，积极推进智慧校园和新一代学习环境建设，加大新一代互联网、通信技术、人工智能、物联网等新技术在校园安防、教育管理等场景的应用力度；以需求为驱动，积极探索在线课堂、虚拟课堂、虚拟仿真实训、智慧校园等场景的创新，提供全流程、全过程、全场景的技术支撑，构建人人皆学、处处能学、时时可学的学习环境。

第二，在教育资源方面，依托国家智慧教育公共服务平台、各级地方数字化教育资源平台，建设和开发校本和个性化数字教育资源，变革教育资源供给模式，丰富资源形态，提升各类数字教育资源利用率，为数字教育的充分开展提供资源支撑。

第三，在教学方面，通过大力推进新型设施设备和数字信息技术的应用，借助各类教学工具、教学系统和互动平台，以现代数字技术推动课堂的翻转和提质增效；更新教学内容，强化数字素养和创新能力培养，激发和培养学生自主学习和创新的能力。

第四，在教师能力发展方面，引导教师从知识传授者向导学者、教学活动组织者、课程的设计者和资源的开发者等角色转变，实现教师知识、能力、素养整体提升。数字教育时代对教师的要求越来越高，新一代的教师必须熟练掌握各类新型教学工具和数字信息技术，并将之熟练应用于课堂教学和育人管理中。

第五，在教育评价方面，利用人工智能和大数据，改进结果评价、强化过程评价、探索增值评价、健全综合评价，构建技术支撑下教育评价新样态和新形式。教育评价的改革是当前教育工作的焦点和痛点，教育数字化为教育评价带来的改革效果是立竿见影的，以大数据为支撑的教育评价能够有效避免传统评价方式中的模糊性、主观性和片面性，让评价更加精准、科学和高效。

第六，在教育治理方面，通过借助数字化系统和智能化设备等，加强教育教学过程的数据采集、建模、智能分析和系统化处理，实现教育管理精准化、教育决策科学化、教育治理能力和治理体系现代化。

第三节 智慧教育成为现代教育新形态

数字信息技术和人工智能等新技术的产生，为教育教学的发展变革提供了新工具，也带来了新思维、新方法，催生了新的教学方式和教育形态。2023 年 2 月 14 日，由教育部、中国联合国教科文组织全国委员会主办的世界数字教育大会"智慧教育发展评价平行论坛"在北京举行。论坛上，中国教育科学研究院院长李永智表示，智慧教育是数字时代的教育新形态。[①]

一、智慧教育的内涵

"智慧"通常包括心理学意义上的"聪慧"和技术上的"智能化"两个层面。我国对智慧教育的关注源于 1994 年科学巨匠钱学森提出的"大成智慧学"。IBM 公司在 2008 年提出的"智慧教育"是构建新一代信息技术支持下教育发展的行动框架，而"大成智慧学"则强调利用现代科学技术培养人的高级智慧，也就是要集科学技术体系的"大成"，从而促使学生获得"智慧"。

---

① 教育部. 中国教育科学研究院院长李永智：智慧教育是数字时代的教育新形态［EB/OL］.（2023 - 02 - 15）［2024 - 05 - 01］. http：//www. moe. gov. cn/jyb_xwfb/xw_zt/moe_357/2023/2023_zt01/pxlt_fzpj/202302/t20230216_1045131. html.

　　从教育哲学层面上来说，现代思想家普遍认为教育的出发点就是唤醒、发挥人们的"智慧"。人类通过不断探索和实践，逐渐将自己的认知能力提升到了一个新的高度。"智慧教育"学说同时也体现了人类认识文明的进步。印度哲学家克里希那穆提认为，正确的教育就是要帮助人们认识自我、减轻忧虑、唤醒智慧。国内学者靖国平也明确提出了智慧教育的概念，他认为教育的真正目的就是帮助被教育者更加全面地认识自己的心灵本质，进而成长为理性智慧、价值智慧和实际智慧的统一体。

　　钱学森的"大成智慧学"，从提高人的智能、适应21世纪发展需要出发，提出了"集大成，得智慧"的拔尖领军人才培养目标与路径，大成智慧者必须具备崇高的科学道德精神，建立起社会复杂体系观念与现代科技系统观念，把握正确的科学方法论，掌握科学、经济、技术方面的专业知识，从而形成人－机融合的思想框架。钱学森强调，实现人类思维和机器思维的优势互补，方能得大成智慧。"大成智慧学"强调打通学术边界，注重通才教育，强调对人类知识结构的国家观判断，注重人机融合和优势互补。

　　从技术层面来看，智慧教育主要依靠现代科技手段的应用和创新，即依托新一代的数字和信息技术，注重信息化、数字化基础设施建设，通过合理运用现代教育资源，积极推进技术创新、知识创新，实现创新成果的共享，提高教学水平和效益，全面建立网络化、数字化、个性化、智能化、国际化的现代教育体系，有效地推动我国教育改革和发展的历史进程。

　　智慧教育，即在信息化、数字化条件下的智能教育，既是在信息化、数字化条件下的开发学习者智力功能的教育活动，也是指通过在适当的信息化、数字化建设与智能教学环境中运用智能方法，鼓励学生实施能动学习，进而培育具备正确的价值观念、扎实的知识技能、较强的思维能力和实践能力的智慧型人才的教育活动。它是以人工智能、现代通信技术、物联网、云计算等新兴数字信息技术为基石，以智慧教学、智能管理和智慧学习等教育方法为路径而发展起来的新型教学系统，其宗旨是促进人们灵活应对学习环境、生存环境和工作环境中的问题，逐步发现智慧、培养智慧、使用智慧、创造智慧。

　　近年来，尽管教育信息化取得了长足进步，但仍存在一些问题，例如信息系统整体架构不够清晰、数据与资源孤岛现象普遍、教育核心业务的信息化程度较低、决策科学化水平不足、技术与教学整合层次不高等。随着行业智慧化浪潮的兴起，教育开始向智慧教育转型，借助数字信息技术构建人－机优势互补的新型教育环境。信息的获取、传输和处理等技术飞速发展，前沿研究成果在教育领域广泛应用，推动智慧教育取得了阶段性成功。目前在国内，智慧教育经常与数字校园、泛在化学习、慕课等特色发展概念相交叉，这些特色发展概念对智慧教育概念的解读各有侧重，导致在智慧教育的实践中出现偏差和缺乏正确的理论支持的现象。因此，在智慧教育建设的指导思想、架构设计和运作机制等方面仍需要加强研究和完善。随着国家教育数字化战略行动的实施，大家对教育的信息化、数字化发展也基本达成了一定的共识，即智慧教育成为教育数字化转型的方向和目标，这对于推进教育数字化发展、实现教育强国的目标具有重要意义。

二、智慧教育的表现形式和主要特征

智慧教育主要表现在教育环境智能化、教育过程数据化、教育产品智慧化三个方面：

（一）教育环境智能化

教育环境智能化是指利用现代数字信息技术手段，对教学场所、设备、资源、管理等进行信息化、智能化升级，创造更加智能化、便捷化、高效化和个性化的教育环境。在智慧教育中，环境智能化是必不可少的一个方面。目前，许多学校已经开始引入智慧教室的概念，例如在教室中安装智能化教学设备、建立在线教学平台、使用虚拟现实技术等，实现了教师和学生间的互动、教学资源的共享和课堂管理的智能化。同时，教育场所的设计也越来越强调人性化、智能化、绿色环保等，旨在为学生提供一个舒适、安全、高效的学习环境。这样的智能化教育环境可以更好地促进师生之间的互动、合作，有利于激发思维的创新、教与学的积极性，提高教育教学的质量和效率。

（二）教育过程数据化

教育过程数据化是指利用现代数字信息技术手段，对学生和教师在教学过程中产生的各类数据进行自动获取、存储、分析和处理，以实现对教育过程的全面监测、评估和优化。教学流程的数据化能够给教师带来更多的资讯与资料信息，这样可以极大地丰富教师的教学内容和手段，也有助于教师掌握学生的学习状态，给他们带来有针对性的教学服务。

学生学习时会产生大量的数据，如作业成绩、考试成绩、出勤率等，这些数据需要通过网络平台、移动终端等多种渠道进行收集，并存储到数据仓库中进行管理。大数据技术和人工智能算法可以对学生和教师在学习和教学中产生的各类数据进行分析和挖掘，从而获取更深入的洞察和认知。例如，通过分析学生的作业成绩和考试成绩，可以了解学生的弱点和优势，为后续的教学提供参考；通过分析学生的出勤情况和参与度，可以了解学生的学习状态和兴趣爱好，从而为教师提供有效的辅导建议。根据学生产生的各类数据，学校和教师可以为学生提供更加精准的个性化服务，如制订个性化学习计划、推荐合适的教学资源等。同时，教师还可以根据学生的数据信息，采用智能化教学策略，在教学中有针对性地进行讲解和辅导，提高教学效果。

教育过程数据化是智慧教育的重要内容之一，它可以为学校和教师提供更加全面、准确的教学信息，帮助教师更好地了解学生的学习情况和需求，为学生提供更加精准的个性化服务。同时，教育过程数据化也有助于提高教学效果，优化教育资源配置，推动教育的创新与发展。

（三）教育产品智慧化

教育产品智慧化是指利用先进的技术手段，对传统的教育产品进行信息化、智能化升级，创造更加智慧化、个性化、多样化的教育产品。这些产品将集成最新的科技、教育理念和教学方法，为学生提供更为丰富、深入、优质的学习体验。教育产品智慧化包括以下几个方面：

一是多元化的教育资源。智慧教育产品应该包含丰富多样的教育资源，如视频、音频、图像等，同时还应该有在线教师和专家的支持，让学生可以随时随地获取高质量的教育资源。

二是个性化的教学体验。智慧教育产品应该根据学生的兴趣、爱好、学习方式等因素，制订个性化的教学计划，提供相应的教学资源，让每个学生都能够有针对性地学习。

三是实时反馈与辅导。智慧教育产品应该提供实时的学习反馈和辅导服务，通过数据分析和人工智能等技术手段，及时反馈学生的学习情况，为学生提供精准、专业的辅导服务。

四是互动式的学习方式。智慧教育产品应该支持互动式的学习方式，让学生在学习的过程中可以与其他学生或教师进行交流、合作和互动。这样不仅可以提升学生的兴趣和参与度，也可以促进学生的思维发展，提高学生的创新能力。

五是多样化的学习场景。智慧教育产品应该支持多样化的学习场景，让学生在家、学校、公共场所等不同场景下都可以方便地学习，提高学习的自由度和灵活度。

总而言之，智慧教育是未来教育的发展方向，其中教育环境智能化、教育过程数据化和教育产品智慧化是实现智慧教育的关键步骤。在实践中，学校和教育部门应积极推动智慧教育的发展，创新教育模式，提升教育质量。同时，相关部门还需要注重保障学生的信息安全，加强对相关法律法规的学习和遵守意识，确保智慧教育的可持续发展。智慧教育是一种以学生为中心、以数字信息技术为手段的新型教育模式，它的发展不仅能够提高教育的效率和质量，也将为人才培养和社会进步作出贡献。因此，全社会应该共同努力，推动智慧教育的发展，打造出更加智慧、人性化和有温度的教育环境。

智慧教育的主要特征体现在以下几个方面：

（1）情景全面感知是智慧教育的核心特征之一。情景全面感知是指通过多种技术手段，对学生和教师的各类数据信息进行收集、分析、建模，从而实现对学习场景和教育过程的全面感知。这项技术可以为智慧教育提供更完备、精准、深入的信息支持，进而提高教育的质量和效率。

在传统教学中，由于缺乏具有针对性的数据收集和分析工具，教师难以准确地评估每个学生的学习状态和需求。情景全面感知技术通过收集学生的行为数据、心理数据、社交数据等多维度的信息，可以揭示学生的潜在需求和问题，帮助教师在教学中作出正确的决策。教育应该是因材施教的，而不是等量齐观的。场景式的认知服务可以根据学生的感知情况、活动特点、心智情况等个性化数据，为他们提供有针对性的教学服务。教师利用大数据分析、人工智能技术和智慧课堂系统，可以为每个学生量身定制教学计划和测评指标，从而实现更高效的教育。

教师在教学中需要对学生的反应和表现进行及时的监测和评估，以便为学生提供更有效的辅导和指导。情景全面感知技术可以为教师提供大量的数据，让教师更好地了解学生的学习状态和需求。同时，这些数据还可以协助教师进行科学决策，优化教学内容和方法，提高教学质量和效率。情景全面感知技术可以为教育领域的研究人员提供更为丰富、深入、全面的数据支持，推动教育理论和方法的创新与发展。同时，这些技术也可以激发学生的创新思维和创造力，促进学生的全面发展。

（2）要素融会贯通也是智慧教育的重要特征之一。融会贯通是指不同学科、不同领域之间的知识和技能可以相互渗透和应用，使学生能够形成更为丰富的知识结构体系。在智慧教育中，多元化的学科资源和教学手段可以为学生提供更加综合全面的教育。对于学习某一学科时出现的问题或难点，学生可以通过与其他学科的知识进行联系的方法，更好地解决问题。

智慧教育系统应该是一个完整的教育生态系统，由不同的部分和要素密切联系和融合而成。与传统教育系统不同的是，智慧教育系统旨在打破各种边界和障碍，形成一个共享教育资源的社区，使教育系统不再出现"孤岛现象"。在这个高度融合的智慧教育系统中，协同创新将成为常态。在授权后，每个应用环节都可以启动相关联的应用程序，以最大限度地发挥各自的作用，实现相互协同，共同推进教育事业的发展。

智慧教育系统具有全面感知和泛在互联的技术手段，能够将大量数据汇聚到数据中心，并利用这些数据构建沉浸式仿真平台。这种系统提供自然、直观、丰富的人机交互界面，可以对原有的教育教学和管理模式进行创新。另外，智慧教育还带来了多种形式的交互，包括了人与人的交互以及人与物的交互等。利用沉浸式交互，智慧教育系统可以将传统教学模式在空间和时间上进行自由延伸，为教育改革提供无限可能性。此外，智慧教育系统还可以实现区域教育资源的高效共享，推动区域内教育均衡发展和整体水平的提升。

（3）信息深度处理是智慧教育的关键特征之一。信息深度处理指的是在智慧教育中，需要对海量、复杂的教育信息进行智能处理。这个过程涉及各种数据分析和知识发现，以辅助决策，并通过自主发布指令解决教育业务开展过程中和教育装备使用过程中出现的问题。通过即时了解数据并记录、研究学生和教师的行为与要求，学校能够向学生和教师推荐多样化的资源、方法与技术，从而制定正确的学习策略并推送正确的知识资源与学习方法。这样，信息在系统内部经过处理和转换后，其形态发生了转换，变得更全面、更具体、更易利用，信息的价值得以提升，并支持个性定制和自主推送。具体体现如下：

第一，满足个性化教育需求。一个人的学习情况与学习方式是复杂多样的，如果不能深入了解学生的学习状况以及学习风格等因素，就无法实现真正的个性化教育。通过信息深度处理，智慧教育系统可以对学生的学习数据进行分析和挖掘，根据每个学生的不同情况，提供更加贴近个人的教育服务。

第二，教学内容更新。智慧教育系统可以利用网络技术来获取丰富的教学资源，但是这些资源的质量和适用性可能存在差异。通过信息深度处理，智慧教育系统可以对这些教育资源进行全面评估和分析，找出最合适的资源，从而确保教学内容的更新和创新。

第三，教学过程监测。教师需要不断地跟进学生的学习情况，并及时调整教学内容。对数据进行深度分析能够协助教师迅速掌握学生的学习情况，监控他们的学习进度，并针对他们的情况和意见提供有针对性的帮助与辅导。

第四，教育管理优化。智慧教育系统还可以通过信息深度处理来有效管理、分析和利用各种教育资源。它可以分析大量数据并得到精确的结果，从而减少教育资源的浪费，优化教育服务质量，提高教育效率。

第五，数据安全保障。在数字时代，数据安全风险越来越高，因此需要对数据进行深度处理才能够确保数据安全。智慧教育系统也不例外。通过信息深度处理，可以实现数据加密和隐私保护。

三、智慧教育在实践中的应用

智慧教育最初源于"智慧地球"概念。它运用物联网、移动通信和智能计算等新型技术，彻底改变组织、企业与人类的生产生活方式，使人们的生产生活变得智能化，提升感知和改造世界的能力。同理，智慧教育将数字信息技术应用于教育领域，以更新教育模式和提升教育系统的效率和智能化程度。在终身学习和学习型社会的大环境下，我们需要重新认识现有的教育系统，并结合技术发展前沿，挖掘教育核心业务的内在需求，推进技术在教育过程中的深度应用，构建完整的智慧教育解决方案。

（一）智慧教育环境

智慧教育环境是智慧教育的基础和保障，数字化背景下的教育环境向智能化、人性化、开放式、社会型方向发展，全方位连接物理与虚拟空间，拓展教育教学场景，使正式学习与非正式学习边界逐步消解，实现了教育环境各要素间的交互、重组及优化。同时，数字时代的智慧教育环境充分利用智能设备和传感技术，对教育情境进行全方位感知，通过采集、记录教育全过程数据，智能分析师生的个体特征、教学行为和教学绩效，为师生建立起智能开放的教育教学环境和便利舒适的学习环境。在物联网、云计算、大数据、人工智能、区块链等新一代数字信息技术的驱动下，智慧教育实现对校园整个教育环境的全面、实时感知，高速、稳定的网络传输以及基于数据挖掘与机器学习的智能判断、管理与决策，在信息化校园构建的基础上进一步实现教育环境的智能化搭建。

（二）智慧教育资源

随着数字信息技术的迅速发展和全球化的不断深入，教育资源在世界范围内得以广泛流动与重新配置。智慧教育基于互联网与教育云平台，秉承开放共享的理念，构建高度集约、开放的教育体系，促进教育资源共享、师资无缝流转、教育应用整合。

传统的学校教育受时间、空间等因素的限制，学生可以享受的教育资源大都局限于学校，而在"互联网＋教育"的驱动下，这一局面正在发生重大改变。利用数字信息技术将学校打造成汇聚优质教育资源的"资源池"，将成为学校培养优秀人才、塑造品牌影响力的最佳机会。在"互联网＋"条件下，学生和社会公众可以随时随地获取任何适合自己的优质教学资源，缓解了教育体量与教育质量之间的矛盾，实现教育应用的创新，推动教育事业高质量发展。

（三）智慧教育模式

智慧教育以现代教育思想和新课程理论为指导，强调教师要充分发挥教学智慧优势，更新教学观念，重构教学流程，改变教学行为。教师应积极调动学生的主体性，把学习的主动权还给学生，把发展的空间留给学生，最大限度地提高课堂教学效率与教学绩效。智慧教育需要教师以"教会学生思考，教会学生学习，教会学生发展"为出发点，树立"学生在整个课堂教学过程中是认识和发展的主体"的思想。智慧教育致力于改变教师教学方式和学生学习方式，促进学生主体的回归和学习能力的提高，关注学生的思维发展和成长过程，激发学生的内在动因，促进学生的主动发展。

为促进学生高阶思维能力的发展，教师可基于个性化教学理念、创客教育理念、翻转课堂理念、探究性学习理念、分层教学理念、协作学习理念等教学理念，积极开展基于项目的学习、基于问题解决的学习、翻转课堂等新型教育模式的组织，面向育人目标灵活开展教学。

（四）智慧教育评价

数字信息技术与教育的深度融合应用正推动教育评价向多元化、综合化、体系化发展，为学生自我发展、教师教学反思、学校质量提升等多方面提供数据支持。教育大数据平台可以记录学生成长数据，实现教师发展数据的伴随式采集。在此基础上，建立科学的评估模型，对师生表现、学校办学水平开展更全面、更精准的教育评价。在智慧学习环境下，在大数据与云计算技术的有力支撑下，通过物联网的广泛感知与基于互联网的大量数据采集与传输，海量的数据资源被用于教育数据挖掘与学习分析；在人工智能与可视化技术的支撑下，数据的分析变得更加智能、高效、可视化，使得教育评价更加实时、客观、全面，从而实现教育评价的精准化。

智慧教育在保障规范化教学的前提下，能够适应教师教学和学生学习的差异，开展教学分析，觉察教学规律。大数据分析技术能够匹配教师的教学风格与学生的学习风格，促成良好的师生关系，帮助教师详细了解学生的学习需求，从而有针对性地调整教学内容，为学生提供合适的学习资源与便利的互动工具，满足其对学习内容和学习方式的个性需求，精准定位学生的知识盲点，将教育资源有针对性地推送给学生，实现因材施教。此外，基于大数据的智慧教育评价能够检验学校教育成效、规范人才培养模式，还能基于教育规律为教学优化、学校改革和政策制定提供科学依据。

（五）智慧教育管理

智慧化的教育管理正在由粗放化向精细化转变，通过智慧教育管理系统实现教育业务的全面数字化和教育信息的无缝整合与共享。借助大数据可视化平台动态展现各类教育数据信息，实现信息的及时传递与沟通，有效提升学校在环境、资源、教务、科研、后勤等方面的业务管理水平。物联网、云计算、大数据等信息技术的普及应用为实现教育管理的科学化、高效化提供了充分的条件。通过射频识别、二维码、红外感应、全球定位等技术，物联网将各种教育装备与互联网有效地连接起来，使教育管理效率和质量得到进一步提升。通过整合基础设施、研发平台、应用软件三种计算资源，云计算技术对业务流程进行统一监管，大大减少了教育管理上的人力、物力和财力的浪费。大数据技术则通过全面采集和科学分析各种教育数据为教育决策提供数据支持。数字化的智慧教育管理能够帮助管理者突破经验和见识局限，克服传统教育决策存在的主观性与盲目性缺陷，提升教育决策的科学性与准确性。

第四节　数字化转型中的学校发展

随着数字时代的到来，我国"十四五"规划中明确提出了"加快数字化发展，建设数字中国"的新目标，要通过关键数字技术创新、数字化基础设施建设、全民数字素养提升等全方位举措，促进生产方式和治理方式变革。在加快建设数字中国的大背景下，推进学校教育数字化转型，已经成为构建高质量教育体系、建设教育强国、推进中国式现代化的必然选择。

一、把握数字化转型的方向

进入互联网时代以来，我国的教育发生了一系列演变，从传统教育迈进现代教育的门槛，从教育信息化 1.0 进阶到教育信息化 2.0，再到教育的数字化等，这一过程是随着互联网、大数据、物联网、人工智能等技术的不断更新迭代，从工业社会向信息和数字社会迈进的步伐而发生的，是推动教育不断实现信息化、数字化、智能化、智慧化的过程。在技术快速发展、社会急剧变化的时代，学校作为教育的实施主阵地，必须紧跟时代潮流、把握社会形势，坚决走教育数字化转型之路，推动学校不断朝着更智慧、更能适应未来发展之需的方向发展。

走向数字化变革的学校要把数字技术作为教育教学的创新要素和变革因子，全方位、全过程、全要素推动教育的转型，要构建基于新一代数字信息技术的智慧环境、智慧资源、智慧教学、智慧管理、智慧育人生态等，推动学校教育从传统式走向现代化、从粗放式走向集约化、从人管式走向智慧化。这一过程中，要重点把握三个方面：育人环境优化是基础，技术赋能教学是手段，数字能力提升是核心。

育人环境优化是基础。育人环境是学生开展学习活动的场所，既包括物理空间，也包括虚拟空间。物理空间涉及学校的普通教室、学科教室、图书馆等；虚拟空间是学生在线的学习场所，既包括同步直播的学习空间，也包括异步网络学习系统提供的学习空间。学习空间的融合是一个基本趋势，包括物理空间的融合、虚拟空间的融合、物理空间与虚拟空间的融合。无论是物理空间还是虚拟空间，都可以从教与学的内容呈现、课堂环境管理、数字资源获取、及时教学互动、教学过程记录等方面进行设计。在教与学的内容呈现方面，要在教室内为学生的学习结果呈现提供机会，可通过学生的电子书包、教室的投屏演示等方式呈现并演示学生的学习结果，增强学生的自信心，提升学习效果。在课堂环境管理方面，既可以改变教室座位布局，也可以使用随机点名等技术工具，促进学生深度参与课堂。在及时教学互动方面，教师可以通过平台工具推送题目，获取全班学生的答题情况并统计结果，根据学生对知识的掌握情况，灵活调整教学进度和安排。

技术赋能教学是手段。传统学习方式已经不能适应数字时代学生的个性化发展诉求，在数字化转型过程中，以解决问题为核心出发点，面向学生个体的个性化学习、面向小组合作的协同知识建构、面向班级授课的差异化教学，成为数字技术赋能教与学的关键。个性化学习强调利用数字技术保证学习内容、学习方式、学习评价等要素与学生个体的学习特征相匹配，从而培养学生的文化基础、思维能力、创新能力等核心素养；协同知识建构强调利用数字技术促进知识与知识的连接以及人与人的连接，让共享、协商、创作、反思和情感交流成为实现协同知识建构的基础，从而培养学生的交流和沟通能力；差异化教学强调班级教学中数字技术的应用要关照差异、发展差异，满足学生多样性发展的需求，促进每个学生最大限度地发展。在数字化转型时期，为学生的个体学习、合作学习和集体教学选择合适的数字工具，促进个性化学习、协同知识建构、差异化教学是技术赋能教学模式创新的基本路径。

数字能力提升是核心。教师的数字教学能力以及学生的数字学习能力是实现学校数字化转型的关键推动力。教师数字能力的提升分为理解技术的教学支持性、用技术解决教学问题、重新设计技术支持的教学活动等关键步骤。理解技术的教学支持性是基础，如在课堂教学中使用哪些技术能增强教学内容呈现、哪些工具能促进课堂管理、哪些软件能实现即时的课堂交互等；用技术解决教学问题是关键，教师要善于反思在课堂教学中存在的典型问题，厘清是效率问题还是效果问题并明确如何借助工具来解决；重新设计技术支持的教学活动，则是根据教学设计的理论，面向教学问题，把技术应用到某个教学活动或教学环节中，提高教学效率或效果。此外，在推动教师数字能力发展的同时，还要关注如何在教学过程中赋能学生的数字能力发展，让学生具备数字化学习能力、信息安全意识和信息社会责任,这需要依托相关课程和综合实践活动,而不仅仅是信息技术课程。要不断完善数字素养和技能养成机制,在各学科的教学中渗透数字素养与技能的相关内容。建立学生数字素养与技能测评体系,研发智能化评测工具,基于试点开展学生数字素养与技能测评等。

二、实现数字化转型的路径

数字时代的教育转型之路,关键是推进数字信息技术与教育教学的深度融合和创新发展。为顺应教育数字化的大趋势,学校应加快智慧教育建设的步伐,促进云计算、大数据、物联网、人工智能等智能技术与教育领域全面融合,以技术赋能教育改革发展,建立以学生为中心的教育环境,促进学生的全面发展。学校实现数字化转型的基本路径应包括夯实智慧教育基础设施、构建数字化教育资源服务体系、深化智慧课堂常态化应用、创新智慧教育管理和服务等内容。

(一)夯实智慧教育基础设施

良好的教学环境是智慧教育实施的保障,而新时代信息技术的发展为学校发展智慧教育带来了新的变革契机。

第一,优化网络运行环境。实施"宽带网络校校通",扩大校园无线网络覆盖范围,提高人均带宽,提升用户体验。支撑各类学习终端在校园泛在互联,探索和丰富基于5G通信网的教育应用场景,为智慧校园高水平建设奠定基础。

第二,保障硬件条件的完备。以教育部"新基建"行动为抓手,加强智能教室建设,提高多媒体设备和师生移动学习终端普及率。普及数字图书馆、创客空间、录播教室、数字实验室、虚拟仿真实训中心、校园电视台建设,推动智慧后勤、智慧安防、智慧场馆建设,建立起基于物联网的校园感知环境,全面构建支持泛在化学习的智慧教育环境。

第三,普及网络学习空间应用。着力推动网络学习空间的大数据应用和人工智能应用,提供精准化、个性化、智能化、适应性教学服务,为发展公平而有质量的教育提供技术支撑。学校、教师和适龄学生、家长开通个人空间,通过网络学习空间构建泛在化学习环境,优化资源供给,创新服务模式,

促进资源共享。

面向智慧教育，学校教育环境已经全方位连接物理空间和虚拟空间，着力建设网络化、数字化、智能化的网络学习空间、智能教室、未来教室等智慧空间环境，打造互联互动、智能高效的智慧育人体系。这使学校教育事业高度信息化，并且能充分利用互联网的便捷更大限度地提高教学质量，为教师教学提供便利，为学生学习打开绿色通道。

（二）构建数字化教育资源服务体系

优质资源是信息化手段消弭城乡教育数字鸿沟的基础，智慧教育进一步发展需要依托优质资源，利用互联网加快数字化资源的共建共享，推动资源整合，确保每一名教师和学生均能享受优质资源。

第一，保障数字教育资源供给。整合学校特色资源、名校名师资源、公益性资源，形成一系列面向学生学习的优质化、移动化、智能化学习资源。鼓励上级教育部门注重优质化资源供给，企业和出版单位落实个性化资源供给，实现体系完整、分工明确、组织有序的数字教育资源供给新局面。此外，要以系统、全局、关联的思维方式科学规划数字教育资源供给模型，探索多供给主体协同供给数字资源及服务的有效途径。

第二，加强数字教育资源开发。落实立德树人根本任务，提高思政教育、红色文化和家庭教育课程在数字教育资源中的比重，构建与课程标准相配套的基础教育资源体系，深入开展"一师一优课，一课一名师"活动，推进复合型数字课程和伴生资源建设，基于知识图谱建设标准试题库。开发一批具有学校特色的精品在线课程，实现校际课程资源共享，进一步扩大优质资源覆盖面。

第三，优化数字资源应用。通过完善网络空间功能应用和提升前沿技术内核驱动，优化数字教育资源的组织应用。学校要鼓励师生根据教学需要自主选择资源，通过网络学习空间组织教学、开展学习，促进数字教育资源在日常教学中深入、广泛应用，提高学习效率与效果。同时借助大数据思维管理和分析数字资源应用偏好，实现资源供给与需求无缝对接，为数字资源服务发展的科学规划奠定基础。面向智慧教育，政府、市场及学校等需要在数字资源的开发、供给和应用方面充分发挥多方协同作用，优化资源建设、应用与共享机制，通过网络联校、网络课堂、名师课堂、远程同步智能课堂等渠道，扩大优质数字教育资源供给，建立健全智慧教育优质资源供给体系，推动中小学数字资源的共建共享。

（三）深化智慧课堂常态化应用

智慧课堂建设是学校发展智慧教育的核心，重点关注智慧教学、智慧学习与智慧评价，围绕课程规划、课程开发、课程管理、课程实施和课程评价等课程实践展开整体化变革。

第一，普及智慧教学。智慧教学应重点关注教育资源、课堂教学、课后辅导等内容，普及数字化教学资源、网络学习空间、虚拟实验平台的应用。充分运用现代信息技术，通过提供多样化、优质化的教育资源，组织标准化、系统化的教育流程，实施创新性、个性化的教学模式，突破教学时空限制，简化教学组织流程，贯穿学校内外教育，兼顾全面素质提升，从而减轻教师负担，丰富学习形式，实现课堂教学精准高效。

第二，推广智慧学习。智慧学习应重点关注学生个性化需求，秉承以学生为中心的教学理念，在不同学段融入并强化智慧教育的理念、知识和方法。提高平板电脑、智能手机等智慧设备在课堂教学中的普及率和应用率，推动人工智能、创客教育、STEM 教育以及校本化特色课程走进课堂，推动电子教材、微课等智慧资源常态化应用。鼓励学校、师生以网络学习空间为依托，依据学生特点与需要，按照教学内容，开展探究式、协作式、沉浸式教学，构建人人皆学、处处能学、时时可学的学习体系，不断发掘学生的学习潜力。

第三，创新智慧评价。智慧评价应重点关注应用大数据来开展科学评价，汇聚师生课堂内外、学校内外、线上线下等教学过程和测评结果的全方位数据，对课堂教学质量、教师教学能力、学科教学水平、学生知识水平、学生综合素质等内容和对象进行评价，从而实现以数据统计分析为核心的科学、全面的评价，并为师生提供个性化诊断和发展性建议，帮助学生及时掌握学情，突破学习薄弱点，帮助教师发现教学问题以改进课堂教学，帮助学校落实课程教学目标和人才培养目标，提高教育质量。

面向智慧教育，技术的发展为教学方式的变革提供了更多支撑，成为构建智慧教育、智慧课堂新格局的重要组成部分。在教学方式、学习方式及学习评价方面，学校都应注重为学生提供个性化学习服务，促进新技术在教育中不断深入应用，实现智慧课堂的常态化发展。

（四）创新智慧教育管理和服务

真正实现智慧教育，除了有完备的基础设施、优质的数字资源、精准的智慧课堂，智慧管理、智慧服务、智慧教研也应发挥重要保障作用。

第一，升级改造智慧管理系统。采用自动化和智能化技术，借助先进教育管理理念，实现各类校园管理业务流程的简化和再造、政务管理和教务管理的便捷高效，避免传统管理业务权责不明、执行力差、相互推诿等问题，从而提升教育教学效率和学校办学水平。以大数据带动学校教育管理科学化，形成运作科学、业务协同、响应及时、流程优化的智慧管理服务体系。开展教育态势感知、校园环境监控、教学质量监测、学校创新能力评测、教师教学特征分析、学生学情诊断、教育精准扶贫等数据分析，为提高学校管理水平和治理能力提供决策支持。

第二，完善智慧服务体系。智慧服务体系旨在为学校、教师、学生和家长提供便捷、高效、全方位的服务。通过构建智能班牌系统、校园移动应用、校园安全监控、人工智能实验室、数字图书馆等系统平台支撑，运用人机互动技术、无线技术、多媒体技术、智能终端技术等智能技术，帮助学校树立品牌形象，促进家校沟通，保障校园安全。

第三，重构"互联网＋"智慧教研新模式。教研活动是教师提升教学能力的重要手段，也是促进自我成长的有效途径。学校智慧教研应通过教研系统全面记录教师成长过程，帮助教师及时掌握自身发展水平情况，明确教学能力现状与目标差距，通过提供资源、工具、课程等支撑，助力教师成长。此外，运用互联网构建网络教研共同体，开展集体备课、协同教研、校级课题研究教学活动，以研促教，同步提升教师的教研能力和教学水平，促进教师专业发展。

面向智慧教育，借助人工智能技术、大数据技术，对教育教学过程的数据进行采集，构建精准多元的管理服务体系，实现教育教学决策与教育服务的科学化与精准化，从而变革校园治理与服务模式。

第二章

智慧育人的时代探索

第一节　我们的智慧教育故事

2020 年 1 月 23 日，农历腊月二十九，春节将至，年味已浓。然而，武汉却突然封城了，抗疫战争正式打响。钟南山院士给出了防控疫情的良方：不出门、不串门、不聚集，宅家就是当年过春节的正确方式。

广州市番禺区实验小学校长关绮雯主张用情感营造诗情画意的学校，像往年一样，她组织学校领导班子撰写春联，录制新春祝福视频。但她也敏锐地意识到事态的严重性，密切关注疫情动态，在接到上级领导部门的通知时，便迅速部署相关工作，第一时间发布了《致家长的一封信》，众志成城，抗击疫情。尽管此时正值寒假，但疫情的防控工作一点儿也不能放松。

原本热闹欢快的春节，全国人民在紧张、不安与冷清中度过。这个春节不一样，这个寒假也很特别。根据校历，广州市小学 2020 年春季学期开学的日子是 2 月 17 日。然而，春节结束，疫情并没有结束的迹象，广东省教育厅当机立断宣布，各类学校 2 月底不开学。开学延迟，意味着史上最长的寒假来了！与此同时，教育部倡议"停课不停教、不停学"。

挑战也随之而来：教师在家如何教？学生在家又如何学？这是所有学校不得不面临的问题。六年级 3 班的杨同学即将小学毕业，这个阶段的学习成绩非常重要，母亲梁女士为此焦虑不已，她最关心的问题就是：孩子上学怎么办？

作为广州市创建"全国智慧教育示范区"支撑学校，广州市番禺区实验小学很快提出了应对之策。凭借良好的智慧校园建设基础和优势，学校迅速确定了"停课不停学"线上学习工作实施方案，打造虚拟学校专题资源学习库和互动学习空间。

广州市番禺区实验小学成立于 2013 年 6 月，对于这所年轻的学校，番禺区教育局前局长冯润胜寄予厚望：作为与番禺区教育局教研室挂钩的教学实验基地，开展教学实验活动，深化素质教育，要建成番禺区素质教育的实验基地及践行智慧教育理念的窗口学校。

不负所望，短短 7 年时间，学校以新型的教学环境构建为基础，以深化应用为核心，有效地推动信息技术与教育教学的全面深度融合，被评为教育部人文社科项目"网络空间提升学习自我效能感的研究"实验学校、广东省信息中心学校、广东省中小学幼儿园科创和 STEM 教育教改实验学校、教育部网络学习空间应用普及活动优秀学校、广州市智慧阅读试点学校、广州市番禺区电子书包实验学校等。

2020 年 1 月 31 日，农历正月初七，春节假期的最后一天，学校就下发《关于贯彻教育部"停课不停学"资源共建的紧急通知》，要求每位教师至少制作一个微课视频。尽管教师们都有着丰富的微课视频制作经验，但面临无教材、无录制设备、无电脑等种种不利的制作条件，困难可想而知。家里没电脑的就挨家挨户借电脑，白天家里吵闹的就等到夜深人静悄悄录制，没有录播软件的就一个个下载学习试用，大家一边制作一边学习，在线积极分享各种录制微课的办法。

2 月 1 日至 2 月 3 日，短短 3 天时间，教师们开发了 100 多个优质微课资源；2 月 5 日，"停课不停学"虚拟学校学习空间正式上线。本次行动响应迅速、全校参与、保质保量，广州市番禺区实验小学用仁爱与智慧攻坚克难，圆满完成任务。

广州市番禺区实验小学的"停课不停学"虚拟学校学习空间包含专题资源学习库和虚拟学校互动学习空间两大功能，学习库中除了教师们紧急录制的 100 多个微课视频外，还有 70 多节优秀课例视频，其中包括 3 节"一师一优课、一课一名师"项目部级优课、4 节省级优课以及若干节市区级优课。此外，"小学语文习作技巧""小学数学创新课程""情景英语"是为学生特别甄选的丰富而有个性的资源。

作为番禺区小学学段首个上线的"停课不停学"虚拟学校学习空间，广州市番禺区实验小学为整个番禺区乃至广州市的小学生提供了优质的共享资源，上线一周点击量就高达 3 万余次，获得家长及省内外同行的赞誉。

"在家也能好好学"是广州市番禺区实验小学构建网络学习空间的初衷，家长们关心的问题迎刃而解，学生在家里也可以上学。

一、网络学习空间的效能：赋能"云中课堂"教学

虚拟学校已构建好，开课的日子也即将到来。广州市番禺区实验小学作为番禺区电子书包实验学校，一共有16个电子书包实验班，实验班学生每人配有一台电子书包。这一次，电子书包将发挥其强大的互动学习功能作用。

陈老师所带的六年级3班就是一个电子书包实验班，在关绮雯校长的支持与指导下，在班级家委会的协助下，电子书包及时寄到了学生的手中，这也意味着他们的"云中课堂"要开始了。

尽管有着18年的教学经验，但毕竟是头一次在网上上直播课，陈老师还是很担忧，甚至彻夜难眠：到底要怎么才能当好"主播"，有效实现线上教学呢？

网络另一端的杨同学也不免困扰：线上学习效率会不会变低？成绩会不会下降？天天对着电子产品眼睛会不会近视？

2月17日开始，虚拟学校互动学习空间正式启用。早上8点，陈老师提前登录自己的账号，在"网络学案"里准备了今天的上课内容；杨同学也提前登录自己的账号，她在"互动讨论"中向老师和同学问好，大家终于可以一起上课了！全校28个班级，近1 200名学生、70多名任课教师都开通了账号，一人一账号、一人一空间，这里记录了每一位教师的教学情况和每一位学生的学习轨迹。

这一天，一年级2班的数学老师在班级公告群里发布了数学实践课内容——自制卡通钟表，同学们随后一一登录自己的学习空间打卡上课，留言互动，上传作品。教师通过平台观察每一位学生的打卡情况，并且对学生的作品进行点评以及统计学习情况。

"墨韵飘香"仁智书法学堂也上线了，美术老师采用动画作为教学媒介，进行书法趣味教学的实践探索，让学生足不出户也能学书法。古老的篆书、庄重的隶书、飘逸的行书、工整的楷书……让学生感受不一样字体的美。

户外的体育课被搬到云端，体育老师录制简单有效的四肢运动项目视频供学生模仿练习，阳台上跳绳，客厅里踢球，沙发上做仰卧起坐……充分调动学生运动的积极性，每天锻炼一小时，促进同学们体力与智力同步提升。

在开学主题班会第一课——"谁应该是我们的偶像？"上，学生表达了对抗疫一线工作者的感激和崇敬之情。一年级 1 班颜同学绘制了一幅"李兰娟奶奶"肖像图，称她是"抗疫英雄"；一年级 2 班陈同学绘制了一幅"钟南山爷爷"肖像图，要学习他"无私的精神"；四年级 3 班王同学的偶像是奋战在一线的白衣天使，他奉上自己"膜拜的星星眼"。

虚拟学校的启动让陈老师很快克服了当"主播"的紧张感，她在直播平台上召开了班会课和家长会，讲解线上学习的安排与注意事项，还专门建立"电子书包问题解决群"。经过一周的磨合，直播课堂和电子书包互动交流可以无障碍开展，学生一样可以自觉认真学习。

网课也并没有让杨同学的学习效率变低，"云中课堂"对于熟练使用电子书包的她来说并不陌生，不过没有教师在课堂现场，感觉还是不一样。学校课堂延伸到了生活，随处皆是课堂，没有边界的学习环境打开了未来学习的大门。而且，虚拟学校拓宽了杨同学的学习空间，帮助她利用网络学习空间创新资源应用方式、学会筛选学习资源，培养了她的信息素养、批判性思维和自主学习能力。

别样的"校园生活"解决了梁女士的困惑，她半休在家，陪伴孩子一起学习。她按照以前的上学时间叫孩子起床，吃完早饭，全家人保持安静，孩子独自在房间里上课。当遇到问题时，梁女士通过电话及时向教师反映，快速、高效地将其解决。因担心孩子长时间看电子产品，她就买了护目镜，以防近视。

在师生分离的状态卜进行在线教学，需要进行与面对面教学不同的设计，核心就是资源的选择和学习活动的设计。广州市番禺区实验小学利用网络学习空间开展课堂教学，发展学生核心素养，促进了学生德智体美劳全面发展。二年级的沈同学在这个漫长的寒假中学会了炒青菜，她还领悟到："原来一道炒青菜看似简单，实际上要经过很多人的劳动才能摆上餐桌，这真是一道'千人菜'。我明白了每样东西都来之不易，以后吃饭不能浪费了。"

一场疫情，让在线教育一夜之间站上了"风口"之巅。教育信息化迎来了"云时代"，利用云端进行师生互动，通过"互联网＋"实现教与学的有效结合，让教育更加智慧。

二、网络学习空间的进阶：融合仁智教育理念

一所好学校应该是什么样子的？

笔者认为，一所好学校应该是流淌着仁爱和智慧的。在这里，学习是唯一的姿态，具有仁爱之心和圆通大智慧是我们的最高追求和永恒崇拜。

因此，学校创建之初，就确立了"以仁爱为本，以智慧为美"的办学理念。仁爱是根本，智慧是成长的力量，仁智的价值内核能够让生命更加圆融美丽。学校致力于培养面向未来的"五好少年"：美德好少年、智慧好少年、活力好少年、自强好少年、环保好少年，最终指向培养全面发展的仁智好少年。

立足仁智教育理念，以培养全面发展的仁智好少年为核心目标，学校构建了包含基础类课程与拓展类课程的智慧课程体系。基础类课程以国家课程为依托，主要包括语文、数学、英语、体育、品德、科学、音乐、信息技术，可以培养学生阅读、书写、口头表达、计算和问题解决等方面的能力；拓展类课程方面主要包括德、智、文、体四类课程。"德"为德育课程，目的在于教育学生知礼明德；"智"为智慧课程，核心是促进学生综合素养的提升；"文"为文化课程，旨在培养学生的人文情怀和促进文化传承；"体"为体育课程，强调强健学生体魄、磨炼学生意志。学校通过丰富的德育课程、多元的能力培养课程与活动，聚焦立德树人的根本任务，培育学生良好的思想品德和健全人格。

疫情防控期间，这些课程都在线上开展，带给了学生不一样的学科课堂体验。语文课既有"语声语色"，又显有声有色；数学课创意无限，激发学生学习兴趣；英语课高效充电，快乐学习；还开展了"以艺抗疫""宅出新花样""校长课堂""仁智健康讲堂""仁智德育课堂""电子书信"等活动。进行有效的适时教育，让学生保持健康的心态开展课程学习。

庄严的升旗仪式也在线上开展起来！2020年3月16日，星期一，上午9时许，杨同学穿着校服，系上红领巾，面对屏幕，当神圣的国歌响起时，她右手举起行少先队礼；陈老师此时也在电脑前，注视着鲜艳的红旗缓缓升起。校长随后发表国旗下讲话，告诉学生们：修宽厚人心，生无穷智慧。

课堂是成长的主阵地，学校让仁智之光遍洒课堂，虚拟学校的线上课堂更显智慧、灵动。立足仁智教育，在微课、电子书包等信息技术支持的智慧

学习环境下，将小组合作学习、自主探究学习等学习方式相结合，实现智慧课堂的创新应用，学校构建了高效的智动课堂教学模式。智动课堂教学模式让学生实现兴趣生成、趣中生智、智中育行，从而促进学生智慧成长，并在此过程中促进教师教育教学专业化发展。因此，即使云端课堂让教学模式从"面对面"变成了"键对键"，也改变不了教师的敬业精神，影响不了学生们的学习热情。

虚拟学校的构建还催生了学生学习的新模式，线上学习不再是辅助性学习方式，而是成为学习习惯。教导处副主任陈老师作国旗下讲话《让线上学习成为习惯》，她告诫同学们：自律学习一旦成为自然而然的习惯，我们就不会因思想懈怠而放松学习，不会因过程艰辛而放弃学习，就能在不断的学习中完善自己、提高自己、成就自己。在当下虚实融合的校园环境中，线上线下相结合的学习方式必然成为主流。

广州市番禺区实验小学在疫情防控期间打造出来的虚拟学校，激起了不小的水花。《广州日报》记者进入虚拟学校，体验不一样的网课，并撰文《番禺区实验小学："虚拟学校"来帮忙》进行报道，给予了很高的评价。在此之前，学校以门户网站、学校宣传系统、微信公众号等为宣传手段，加大宣传力度，在全市乃至全省发挥示范辐射作用。通过校本学习、校际学习、跨区域学习等方式进行案例推广，学校有效贯彻仁智教育新思想，推动智慧课堂得到更好的应用和实践。学校以虚拟学校互动学习空间和广州"数字教育城"公共服务平台为载体，上传优秀教学视频，自主研发优质教育资源，实现校本资源和市区优质教育教学资源共建共享；每年组织一次开放日活动，邀请专家同行交流教学经验，总结展示教学成果；举办公开课活动，与西藏、新疆、香港的学校开展跨区域合作，促进区域之间的教育互动。

广州市番禺区实验小学虚拟学校的建构还只是一个开始，学校在推广交流的过程中还不断反思，汲取智慧校园建设的经验，进一步促进学校的信息化探索与创新。未来将会有更大的网络学习空间需要建设，未来教育将有无限可能。

第二节　让仁智之光闪耀

广州市番禺区实验小学创建之初，就以办一所立足于博大精深的中华优秀传统文化、面向未来和走向现代化的新样态学校为追求，确立了"以仁爱为本，以智慧为美"的办学理念，致力于培养面向未来的"五好少年"，最终指向培养全面发展的仁智好少年。

仁智，是仁爱与智慧的兼修，是传统与现代的融合，是感性与理性的统一。仁智教育以"至仁智"为宗旨，坚持守正与创新的原则，遵循润泽仁爱、德智同修、知行合一、智慧圆融，引领广州市番禺区实验小学走出一条人文、生态、智慧和谐共生的特色育人之路。

一、让仁智之光洒满校园

孕育着仁智教育的梦想，学校秉承"以仁爱为本，以智慧为美"的办学理念。为了给师生营造充满仁爱之心、智慧之光的人文氛围，学校注重从物质和精神两个层面去营造校园环境。

学校以"自然与生命"为主旋律，设置了仁智大堂、仁智长廊、仁智教室等文化特色区域，努力为学生营造仁智校园环境。整个格局符合学生的年龄特征，以黄绿色的色彩为主调，每一条长廊、每一根柱子、每一条花槽、每一个雕塑、每一种生物，都让学生感受到生命的张力，整个校园温馨而又美丽，生机勃勃而又书香飘逸。

学校大力建设智慧教室，配备支持教学活动的实验室。智慧教室有效整合智能移动终端、教育云平台、交互式一体机、智能录播系统，为教师和学生的教与学提供了有力支撑。学校还注重阅读空间、书法室、体育馆、少先队广播室、红领巾电视台和躬耕园等一系列特色场室建设，用于特色课程和活动的开展，为促进学生全面发展提供保障。

"仁智教育礼为先"，学校以礼仪为切入口营造校园环境，倡导礼仪就是发自内心地尊重别人，是一种灵魂的高贵。学校注重礼仪文化和德育教育，让学生在潜移默化的文雅环境和文明氛围中耳濡目染。在这样的理念下，学生团结友爱，老师互帮互助，家长凝心聚力，学校成了一个相亲相爱的大家庭，学生沐浴着爱与智慧，快乐成长。

二、让仁智之光引领教师职业成长

广州市番禺区实验小学作为一所年轻的学校，创办初期仅有 18 位老师，教师队伍平均年龄只有 20 多岁，并且每年都有多名应届毕业生加入。面对这样一支缺乏教学经验的年轻队伍，如何能在最短的时间里提升教师的专业水平，激发他们的精神活力呢？

（一）走上"智慧课堂的快车道"，帮助教师快速成长

在"研学后教"教学理念引领下的现代信息技术个性化教学课堂模式中，教师得到了更多自我展示的平台，在一次次的课例展示、一次次的赛课中，教师的专业水平迅速提高。年轻教师通过这样的平台，不断得到磨炼并快速成长。例如，学校积极承办"基地培养项目系列研训活动——智慧课堂促进学生'五育'发展的探索"教研展示活动，推进信息技术与学科融合，落实"五育"并举、融合育人，不断创新课堂教学方式，提升学生核心素养。本次活动共有 11 节课例分享，呈现 9 个微报告，包括语文、数学、英语、音乐、美术、体育、人工智能、心理健康 8 个学科，教师分享他们在教学实践中推进信息技术与学科融合、促进学生"五育"发展的宝贵经验。

（二）"量体裁衣"，打造品牌教师

学校鼓励每位教师根据自身特长，找到自己专业发展的方向，成为仁智品牌教师。这种尊重个性、张扬个性的做法激起了教师专业发展源源不断的动力，而校长需要做的就是调动一切资源，给教师搭建平台，帮助他们开辟属于自己专业化发展的路子。例如，徐老师痴迷于中国传统文化教学，在她的实验班里，每一位学生都有大量经典知识积累，《诗经》《论语》张口就来，书法、剪纸、武术样样精通；丁老师的戏剧文化课程、李老师的国画艺术课程、林老师的"墨艺飘香"书法课程、詹老师的足球普及课程、陈老师的中国象棋课程、詹老师的诗歌文化课程、梁老师的英语绘本戏剧课程等都各有特色，每一位教师都将自己的研究方向融入教学当中，教学风格异彩纷呈。班主任黄老师成为广东省名班主任工作室成员，多次作为德育专家外出传经送宝；音乐丁老师多次在全国研讨会上做报告，介绍"恰嘭恰"教学模

式；语文徐老师受邀外出讲授国学课程；美术李老师的国画作品荣获国家级一等奖；科技吴老师荣获广东省科学教师技能大赛一等奖。

（三）搭建宽广的交流平台，助力教师持续成长

学校依托集智式教研工作坊，开展以协同提升为理念的交流式教研，建立以造血式支教为目的的"1＋N"帮扶模式，搭建宽广的交流平台，助力教师持续成长。教研是提升教师专业发展的重要途径，也是促进教学质量提升与改善教学效果的重要方式。集智式教研工作坊依托协同教研区域、社交网络平台、移动录播系统等，围绕一个教研主题，汇聚教研专家、教研负责人、教研共同体、教研实践主体的力量进行协同研讨。在教研负责人的引领下，学校对贵州毕节、新疆库尔勒结对学校通过协同备课、同步课堂、同课异构等形式开展精准帮扶。

三、让仁智之光激发学生的潜能

广州市番禺区实验小学是一所小区配套学校，面对来自五湖四海、接受不同文化教育的学生群体，怎样才能培养他们成为具有仁爱之心和圆通大智慧的现代公民呢？

围绕仁智的核心理念，构建仁智课程，以课程形式强化学科育人发展，挖掘学科课程育人价值；创建智动课堂，实现智能化、个性化精准教与学；举办智趣活动，有机融合课内教育与课外活动，让仁智之光激发学生的潜能，为学生的成长保驾护航。

立足学校文化特色，系统梳理整合国家、地方、学校三级课程，根据仁智好少年应具有的有爱至善、慧心智能、唯美大气三大素养，设置了道法与人智、语言与人文、数科与创新、体育与潜能、艺术与审美、劳动与技能六大领域课程，并由此形成了六大特色课程。学校的智趣活动异彩纷呈，有趣又具挑战性。开展学生喜闻乐见的活动，不仅可以提高学生的实践能力和创新能力，还可以激发学生在赛场敢于竞争、勇于拼搏的精神，为学生未来的自主学习和职业发展打下坚实的基础，也为学生的全面发展提供更加有力的支持和保障。

依托智动课堂，主张以学生为中心、以学生自身的特征和实际需求为依据，培养学生在复杂情境下应对真实问题的能力，最终指向创造力和问题解

决能力的培养。学校基于大数据、云计算、物联网等技术，结合智能移动终端，以丰富的学习资源为基础，以多样的策略与学习路径为手段，以个体的多元发展性评价为导向，让学生"融智、乐学"，最终目标是实现学生个性和能力的最大发展。

第三节　开创"六智融合"智慧育人新格局

党的二十大报告首次对教育、科技、人才进行"三位一体"统筹安排、一体部署，并首次将"推进教育数字化"写入报告，这是以习近平同志为核心的党中央作出的重大战略部署，赋予了教育在全面建设社会主义现代化国家中新的使命任务，明确了教育数字化未来发展的行动纲领，具有重大意义。

立德树人是教育的根本任务，人才培养是教育的重要使命。科技是社会进步的动力，也是第一生产力。如何把握好教育、科技、人才的关系，统筹推进教育、科技和人才的创新发展，是教育人面临的重要问题和需要肩负的时代使命。

广州市番禺区实验小学"守"中国传统文化之"正"，"创"新时代育人要求之"新"，积极探寻个性化、多样化、开放性的新时代育人模式。秉承"以仁爱为本，以智慧为美"的办学理念，学校从智慧环境、仁智课程、智动课堂、智趣活动、智享资源、智能评价六方面稳步推进育人工作，构建了六位一体的"六智融合"育人模式。

一、"六智融合"育人模式的内涵

（一）基于仁智教育的核心理念和办学追求

"以仁爱为本，以智慧为美"，"仁"是"善根"，它的最高境界是像爱自己一样爱天地万物；"智"是"慧根"，是达观，是融通，智有多高，心就有多广。仁爱和智慧是万物之根，是人幸福之源。"六智融合"育人模式坚持以落实立德树人的根本任务为核心，通过引导人、尊重人、发展人、完善人四个维度，主张培养具有仁爱之心和圆通大智慧的大爱、大德、大情怀的仁智好少年（如图2－1所示）。

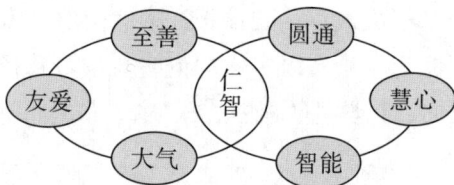

图 2-1 仁智好少年的核心素养

（二）六大智能的融合与创新

"六智融合"育人模式要求营造智慧环境，使一草一木都承载育人功能；构建仁智课程，以课程形式强化学科育人发展，挖掘学科课程育人价值；创新智动课堂，实现师生个性化精准教学；举办智趣活动，有机融合课内教育与课外活动；汇集智享资源，满足师生教学需求；开展智能评价，系统描述学生全面发展的过程，实现以评促教、以评促学（如图 2-2 所示）。

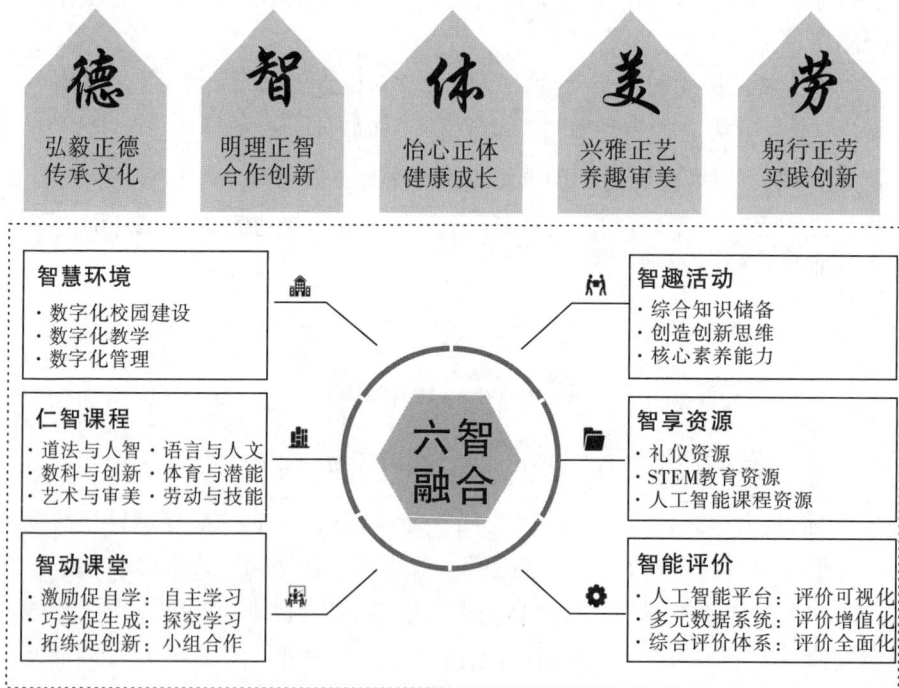

图 2-2 "六智融合"育人模式整体框架

二、"六智融合"育人模式的构成要素

（一）营造智慧环境：构建贴合学生心灵需要的美丽校园，润泽仁爱

学校专注于创新教育和数字化教育，从学生的心理需求出发，以"自然与生命"为主旋律，构建贴合学生心灵、润泽仁爱的智慧校园环境。通过多年来不断的努力与发展，智慧环境的营造取得了显著成效。

在数字化校园建设方面，学校在各类数字化设备和技术上进行了大量的投入，已实现信息化、网络化、数字化的完美结合，如开放式多媒体教室、电子图书馆、创客室等。同时，学校还实现了无线校园网络全覆盖，并安装了智能化的门禁系统和监控系统，进一步提升了学校的管理和服务质量。

在数字化教学方面，学校结合智能平台群，构建"四化三学"的泛在化学习环境（如图 2-3 所示），采用了一系列先进的数字化教学手段，如仁智综合评价系统、仁智网络学习空间、人工智能课程等。在这些教学手段的支持下，教师能更加直观、生动地讲解课程内容，学生也能更好地理解和掌握知识。

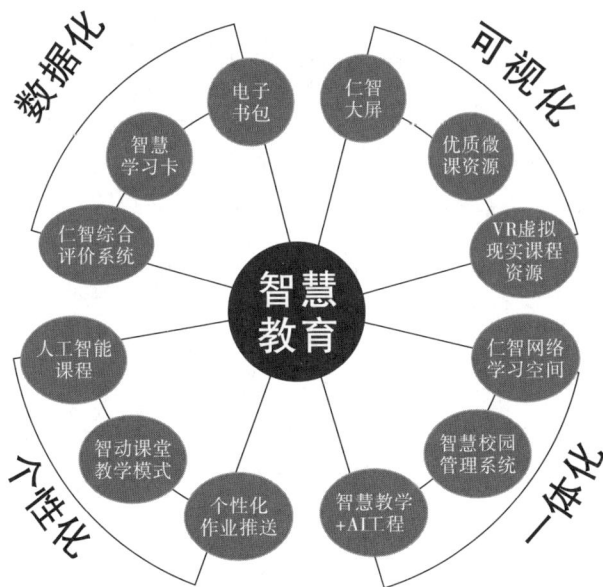

图 2-3 "四化三学"的泛在化学习环境

在数字化管理方面，学校借助智慧管理系统，建立了"家校社"多维一体育人环境。智慧校园管理系统不仅提高了学校的管理效率和精度，减少了人力和时间的浪费，还可以为学生和家长提供更加便捷的服务，如接收通知、课外活动报名、课程评价等。它不仅推动了学校管理模式的升级，发挥环境熏陶对育人的强化与激励作用，也使学生更好地适应未来数字化社会的发展趋势。

（二）构建仁智课程：多元化培养全面发展的仁智好少年

学校秉承"以仁爱为本，以智慧为美"的办学理念，致力于将国家课程、地方课程和校本课程进行深度融合探索与实践，构建仁智课程体系（如图2-4所示），实现课程选择多样化、课程资源丰富化、课程管理科学化、课程评价多元化，充分开发和挖掘各学科课程的育人价值，聚焦学生的心灵成长和人格健全，达成培养全面发展的仁智好少年的育人目标。

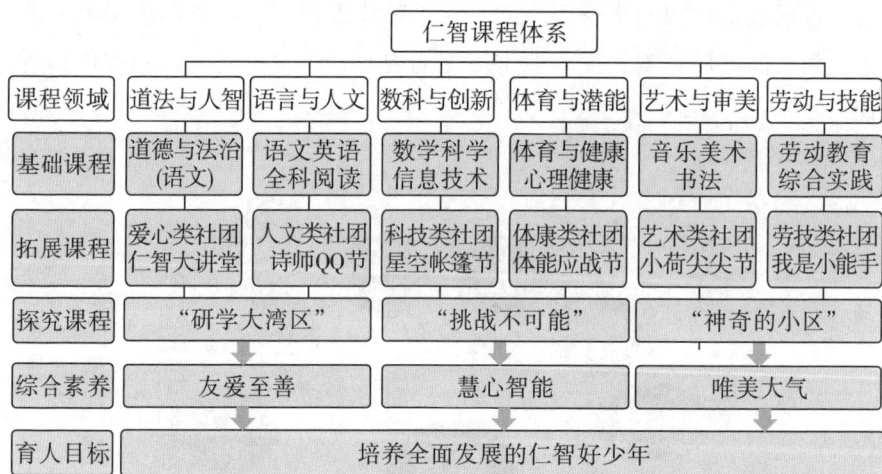

仁智课程体系						
课程领域	道法与人智	语言与人文	数科与创新	体育与潜能	艺术与审美	劳动与技能
基础课程	道德与法治(语文)	语文英语全科阅读	数学科学信息技术	体育与健康心理健康	音乐美术书法	劳动教育综合实践
拓展课程	爱心类社团仁智大讲堂	人文类社团诗师QQ节	科技类社团星空帐篷节	体康类社团体能应战节	艺术类社团小荷尖尖节	劳技类社团我是小能手
探究课程	"研学大湾区"		"挑战不可能"		"神奇的小区"	
综合素养	友爱至善		慧心智能		唯美大气	
育人目标	培养全面发展的仁智好少年					

图2-4　仁智课程体系

学校遵循学生身心发展规律，重视学生核心素养培养，立足本校文化特色，系统梳理整合国家、地方、学校三级课程，根据仁智好少年应具有的友爱至善、慧心智能、唯美大气三大素养，设置了道法与人智、语言与人文、数科与创新、体育与潜能、艺术与审美、劳动与技能六大领域课程，形成了六大特色课程：一是红色文化特色课程；二是劳动特色课程，例如"节日劳动课程""桂花课程""仁智百草园课程""牛仔布贴画""科技劳动课程"；

三是经典诵读特色课程；四是"墨艺飘香"书画课程，例如"纸刻版画""书法基础入门""静物线描写生""扎染"等；五是足球特色课程；六是社团特色课程。

（三）创新智动课堂：构建以学生为中心的智慧教学模式

通过"高效课堂"这一主渠道，以"化知为智，转识为能"为目标，以"知识学习到生命成长的学习"为追求，以解决真实问题为目的，学校运用新媒体新技术使课堂活起来，打破时空限制，让学生探索问题，营造激励促自学、巧学促生成、拓练促创新的智动课堂教学模式（如图2-5所示）。

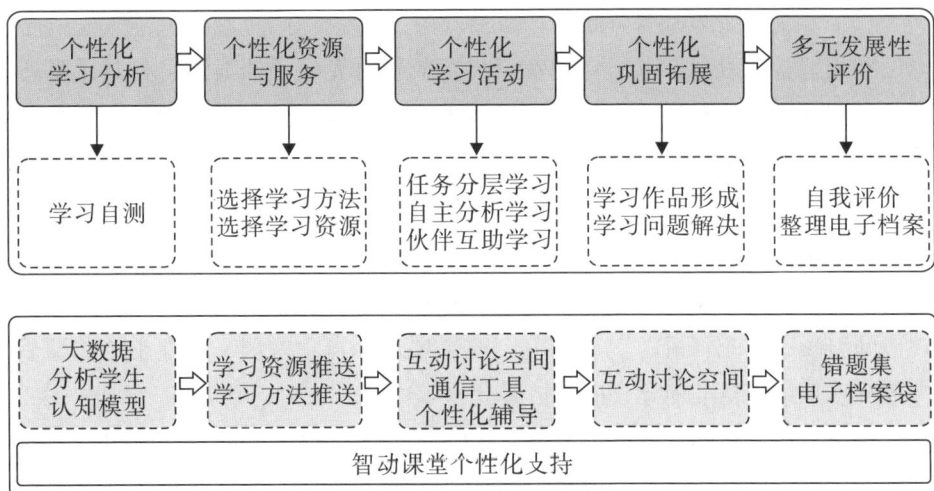

图2-5　智动课堂教学模式

智动课堂教学模式包含五大环节：

（1）开展个性化学习分析。

通过智慧学习卡和网络互动空间等智能手段，进行动态数据采集及数据分析，得出关于学生认知基础和学习倾向等内容的个性化差异信息，作出个性化的学情诊断，预测学生未来的学习表现。

（2）推送个性化学习资源与服务。

根据学情分析的结果与未来学习表现的预测，针对不同学生的学习需求，依托平台与资源，精准推送各类学习资源与服务。例如，推送资源平台或者自制的微课、习题或学习路径等个性化学习资源和学习方法，为学生提供可选择的、多样化的学习分析与支持服务。

（3）组织个性化学习活动。

借助互动学习空间或工具，组织拥有相同或类似需求的学生进行协作交流、自主分析、互相帮助，或开展任务分层式学习。在活动过程中，为学生提供多样化的学习路径和个性化的学习指导。

（4）进行个性化巩固拓展。

借助资源或服务平台，引导学生联系真实情境，进行深层次的问题解决、作品创作或其他拓展学习，提供适时适度的拓展学习资源或学习环境。学生在互动学习空间中展示共享同步或异步的学习内容、过程或成果，并在师生互动、生生互动和学生自我评价中不断改进。

（5）实施多元发展性评价。

利用智慧学习卡、电子错题本、仁智成长时光电子档案袋、智慧手环等评价和测量工具，收集学生学习全过程的各类数据，分析学生学习过程的行为与状态，实现发展性评价。

课前通过电子书包、智慧学习卡、评价系统、个性化作业推送机等技术应用，以及国家资源平台、广州智慧数字城C30、广州市电视课堂、网络学习空间、网络画板等资源准备，实现资源推送、自主学习、课前检测；课中实现以问启学、交流释疑、引导探究、成果展示、当堂检测、课堂小结；课后实现反思总结、精准辅导、适度拓展。

资源与技术整合于课前、课中、课后全过程，旨在全面了解学生的学情、基础、需求、目标、效果、方法、弱项和兴趣。同时，学校在此基础上探索如何最大化利用线上线下、课前课后有效的教学时间、空间与资源，实现学生学习资源的无缝衔接与学习场景的无缝切换，给予学生全连接的学习体验；借助虚拟化、数字化、网络化的教学工具让学生实现体验式操作，便于学生直接获得相关经验，旨在解决传统多媒体教学中学生主体性不突出、教学管理粗放、教学实施低效、技术应用盲目等问题，从注重知识传授的知识课堂向注重开发智慧的智慧课堂转变，最终促进课堂教学质量的整体提升。

（四）举办智趣活动：打造文化的多彩四季

学校的智趣活动包括春季"好书陪伴成长"的书香活动、夏季启迪智慧的科技活动、秋季释放活力的运动会活动以及冬季陶冶情操的艺术节活动。其中，深受学生喜爱的科技活动涉及领域广泛、内容丰富，如编程挑战赛、机器人竞赛、数学竞赛等。

编程挑战赛是一项非常有意义的活动。在这个活动中，学生可以利用 Scratch、Python 等编程语言完成各种任务，如游戏设计、动画制作等，展示自己的编程才能和想象力。通过这项活动，学生不仅获得了编程知识和技能，还培养了自主学习、解决问题的能力。

另外，机器人竞赛也是学校的热门活动。学生可以利用 Arduino、Raspberry Pi 等开源硬件平台，编写控制代码，制作智能机器人。在比赛中，学生不仅要展示自己机器人的性能，还需要根据比赛规则和场地情况调整机器人的控制程序，这有助于提高学生解决问题的能力和实践能力。

这些智趣活动为学生提供了多元化的学习体验和成长空间，不仅让学生在活动中体验快乐和成功，还激发了学生对科技的兴趣和热情，提高了他们的创新意识，促进了智能技术与教育的深度融合。

（五）汇集智享资源：让教育资源效益最优化，为个性化育人提供可能

作为教育部人文社科项目"网络空间提升学习自我效能感的研究"实验学校，学校以一体化、数据化、个性化、可视化和人人皆学、处处能学、时时可学为目标，汇聚生成性优质教育资源、校本特色资源、校本课程资源、微课资源、教学课例等，建立校本资源共建共享激励机制与制度，鼓励教师、学生、技术人员共建特色、个性化资源，打造校本仁智网络学习空间（如图2-6所示），连接教育 App，实现硬件、工具和资源整合，以支持师生开展数字学习环境下的学科教学创新应用。

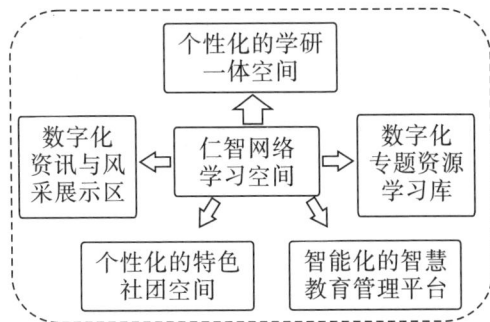

图2-6 仁智网络学习空间功能模块

依托数字教育资源系统，通过教师录制优秀课例、教师自主研发、学校购买和整合已有资源等方式获取名师教学资源、试题与练习库、探究性主题资源等优质教学资源，实现聚合管理，继而形成生成性优质教育资源、校本特色资源、校本课程资源、微课资源、教学课例等。

此外，学校联合清华同方知好乐有限公司、校园网及学校公众号服务公司，做好仁智网络学习空间的搭建工作，加强技术与人力支持，通过线上形式，提供网络课程、微课学习、在线辅导等多种服务，充分拓宽学生学习渠道，有效指导学生在家进行自我生活和学习管理，做到线上和线下同步学习。作为广州市番禺区电子书包实验学校，学校可以实现学习资源在线获取，师生、生生在线互动讨论；学生可以在线完成与提交作业，进行测试并获得反馈，还可以获得教师的答题辅导，并且查看数据统计。全方位的功能极大地便利了教师教学的组织开展，使得教师可以随时随地发布资源与作业，并且为学生提供及时的答疑、反馈，通过统计数据密切追踪学生情况。

凭借仁智网络学习空间教育教学资源丰富优质、点击量高及辐射力强等特色，广州市番禺区实验小学获得"教育部 2020 年度网络学习空间应用普及活动优秀学校"荣誉称号，荣获中央电教馆优秀案例一等奖，获批广东省教育厅"2021 年度教育信息化教学应用实践共同体项目"，为"五育"发展提供资源保障。

（六）开展智能评价：形成大数据综合评价网络系统，促进学生全面发展

教育评价是我国教育治理的重要内容，也是人才培养的重要环节。学校搭建仁智成长时光多元评价平台（如图 2-7 所示），构建"家校社"融通机制，以多维成长记录、科学成长评估和立体成长展示创新综合评价方式，探索开展学生各年级学习情况全过程纵向评价、德智体美劳全要素横向评价，提高教育评价的科学性、专业性、客观性。完善评价结果运用机制，综合发挥导向、鉴定、诊断、调控和改进作用。以学生的德智体美劳综合素质作为评价标准，切实引导学生坚定理想信念、厚植爱国主义情怀、加强品德修养、增长知识见识、培养奋斗精神、增强综合素质，促进学生全面发展。

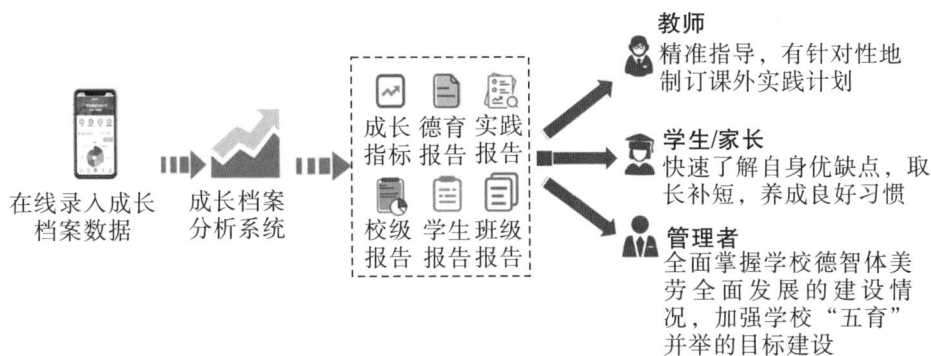

在线录入成长档案数据 → 成长档案分析系统 → 成长指标报告、德育报告、实践报告、校级报告、学生报告、班级报告

教师：精准指导，有针对性地制订课外实践计划

学生/家长：快速了解自身优缺点，取长补短，养成良好习惯

管理者：全面掌握学校德智体美劳全面发展的建设情况，加强学校"五育"并举的目标建设

图 2-7　仁智成长时光多元评价平台

第四节　艰辛中的喜悦和思考

一、智慧教育带来的喜悦

在构建智慧校园的过程中，广州市番禺区实验小学不断探索革新、勇于突破，以科学的教学理念、多样的网络数据资源和先进的信息技术为基础，结合本校自身发展特色，在多年的智慧教育实践中获评为教育部人文社科项目"网络空间提升学习自我效能感的研究"实验学校、广东省信息中心学校、广东省中小学幼儿园科创和 STEM 教育教改实验学校、教育部网络学习空间应用普及活动优秀学校、广州市基础教育国家级优秀教学成果推广应用支撑学校、广州市创建"全国智慧教育示范区"支撑学校、广州市智慧阅读试点学校、广州市人工智能实验学校、广州市智慧校园实验学校、广州市中小学教育质量阳光评价改革试点学校、广州市番禺区"一师一优课、一课一名师"活动优秀组织单位、广州市番禺区"研学后教"先进单位、广州市番禺区电子书包实验学校等；学校还获得了广东省融合创新项目优秀成果奖、广东省教育管理信息化建设与应用优秀案例等荣誉。这些教育教学成果充分体现了学校在智慧校园转型进程中的优势所在（如表 2-1 所示）。

表 2-1 广州市番禺区实验小学师生教育教学成果统计数据表

学年	上学期			下学期		
	教师	学生	学校集体	教师	学生	学校集体
2013	14	21	—	15	16	—
2014	87	95	13	—	—	—
2015	59	113	14	80	83	23
2016	51	9	19	48	32	11
2017	110	124	25	169	392	43
2018	114	127	16	215	357	23
2019	90	96	11	110	81	13
2020	155	223	26	101	112	24
2021	221	125	18	297	227	29
2022	273	255	23	—	—	—
合计	1 174	1 188	165	1 035	1 300	166

（一）构建可借鉴的"六智融合"育人模式

学校深入践行"五育"并举教育理念，在丰富和完善实践性德育的基础上开展了"六智融合"育人模式的探索。该模式在智慧环境的浸润、仁智课程的培育、智动课堂的推动、智趣活动的探索、智享资源的渗透、智能评价的激励下促进学生德智体美劳全面发展，成为学校落实立德树人根本任务的强有力措施和鲜明特色。"六智融合"育人模式创新构建教育教学的范式，让教学更智能化、多元化、高效化，让学习更精准化、个性化、效能化，推进了智慧教育的研究和发展，在学校层面的实践中积累了大量的资源和经验，为其他后进学校提供了重要借鉴。在育人模式的探索过程中，学校也取得了丰富的成果，被评为教育部网络学习空间应用普及活动优秀学校，并作为广东省唯一代表在全国发言。近年来学校累计获得集体荣誉共331项。

（二）促进全体学生的全面发展

"六智融合"育人模式从学生出发，坚持学生本位的教育原则，尊重、激发、陪伴学生的成长，使学生具备能够适应终身发展和社会发展需要的必备品格和关键能力。"六智融合"育人模式利用现代数字技术和信息技术，大大拓宽了学习空间和丰富了学习资源，智慧化的课堂和教学评价也得到进一步提升，为学生的高效学习提供了技术支撑。"六智融合"育人模式不仅关注技术在教育教学中的应用，也注重人文的关怀和仁爱的润泽，故学校创设了仁爱润泽的环境、智趣多彩的活动和丰富多元的课程，让学生在智慧的环境中成长。近年学校鼓励学生参与校内外各类活动，学生获奖共2 488项。

（三）探索教师专业发展的高效路径

为了更好地实践"六智融合"育人模式，学校通过竞赛、理论学习、观摩、培训等方式全方位服务于教师成长，并制订"种子教师成长计划"，不断将教师卷入团队、卷入研究，依托集智式教研工作坊，开展以协同提升为理念的交流式教研，建立以造血式支教为目的的"1＋N"帮扶模式，搭建宽广的交流平台，助力教师的持续成长。近年学校获得34项课题立项支持，形成近170篇论文，成就省市区优秀教师25名、优秀班主任11名。近年全校教师获奖共2 209项。

（四）构建多维立体的育人生态系统

学校重视教学成果共同分享与利用，立足粤港澳大湾区，辐射港澳及部分偏远地区，实行跨区域、多维度结对帮扶，为新疆、贵州、香港、山东、北京、四川等地的姊妹学校提供有效的教育输送与帮助；举办形式多样的开放与共享活动累计达103次，开展三级送教模式指导经验推广活动达12次；新冠疫情期间，通过智能平台共享大量教育资源，辐射至江苏、重庆等地，点击量近15万，在全国范围内有一定的影响力。

二、快速发展中的思考

智慧教育成为现代教育新形态，以人工智能、物联网、大数据为代表的新一代技术正引领教育的变革，同时一系列教育教学方式和习惯也都随之发生改变，技术与教育教学的融合正进入深水区。与此同时，智慧教育的发展也相应出现了一些问题或遇到瓶颈，如何应对这些问题和瓶颈成为推进智慧教育持续发展的关键。

（一）应试教育的牢笼依然存在

当前学校的主流人才培养模式依旧是来源于工业时代的标准化教育，以学生参加标准化测验的成绩作为单一的评价标准。此外，在应试思维的影响下，师生紧紧围绕基础知识和基本技能的掌握开展教与学，考试成绩依然是教师和家长都避不开的话题。因此，学校之间、教师之间以及学生之间都存在一种竞争性关系。这种竞争性关系不利于优质学习资源的共享，不符合教育的发展规律，更不利于学生的全面发展。

（二）传统的教学范式阻碍教学方式创新

由于当前以班级为单位的授课制依然是现代教学的最主要方式，"教师讲，学生听"的传统教学范式依然难以改变。学生在整个学习过程中几乎很难自主选择学习内容和学习方式；与此同时，学生学习的广度和深度会随之减小，学习的自主性和创新性不足。大多数教师由于缺乏相应的知识技能与体验，在面对义务教育普及化的大班额时，难以在教学过程中有效顾及学生的差异性。

（三）校园与社会的壁垒阻碍了学校学习方式创新

自现代学校制度建立以来，人们对学习时空的认识便是在固定的学期到固定的学校，在固定的班级中按照预先制定的固定课表进行学习，即只有到了学校、进入班级才是学习，学校和班级与社会是相对隔离的。当前，数字信息技术已经在社区学习、家庭学习、场馆学习等场域展现强大的学习支持潜力，学习可能发生的时空已经在客观上得到极大拓展，为随时随地的学习提供了基础保障。很明显，校园学习环境与社会学习环境之间存在较大鸿沟。

为此，智慧教育的先行者应该时刻警惕在智慧教育实践过程中出现方向偏差，避免误入歧途，并注重以下几点：

1. 以人为本，从技术本位走向人本位

智慧教育和新兴的数字信息技术的发展有着密不可分的联系，正确认识和把握现代技术的发展趋势是推动智慧教育发展的关键。

从技术发展的历程中可以看出，技术的发展取决于人的需求，因此技术必须服务于人类。在智慧教育2.0时代，教育信息化不再只专注于基础设施和应用融合，而必须从"智"和"慧"的角度进行设计和规划。因此，以人为本，将人视为完整的个体，是促进智慧教育发展的前提之一。

现代技术是引领智慧教育纵深发展的关键因素，但如果一味强调技术的作用，就极有可能造成教育过程机械化、程序化和功利化，进而忽略教育的育人根本。教育不仅是传授知识和技能，而且是在育人的过程中形塑人的品格和个性。因此，教师需要在智慧教育中注重人文关怀，培养学生的人文素养，提高他们的人际交往能力。同时，智慧教育还需要将科技与人文完美结合，以创造更自然、更亲人的教学环境，激发学生的学习热情，以适应未来社会的需求。

人机协同是未来发展的趋势，人和智能化机器需要相互协作、优势互补，去完成自己不能完成的工作，以实现人在未来的自我身份转换。教育的智能化发展有助于释放劳动力，却缺少共情、大数据决策以及教育反思功能。因此，对于智能技术无法涵盖的领域，教师需要发挥关键作用，正确利用智能技术。实施智慧教育，需要注重提高教师的信息素养，体现人文关怀，关注学生的内在需求，并重视对学生的引导、协调和劝诫。

2. 打破传统教育范式，关注学生个性发展

实现智慧教育需要关注两个方面：一方面是融合现代科技知识，另一方面是促进教育的智能化发展。只有这两个方面同时得到保证，才能帮助学生在智慧环境中提升智力和素质。但是，从智慧教育被引入至今，传统教育理念的影响一直持续。尽管智慧教育大大拓宽了知识传授的途径，但传统的灌输式教育方式依旧存在。虽然人工智能教育可以使传统教育方式变得更为有效，但其只能以一个全新的教育方式出现，并不能完全改变传统教育中的标准化培养方式，只可以对所有人进行一视同仁的培养。

钱学森曾说："必须将种种学问集成，才能得到智慧。""将种种学问集成"并不只是指博览群书，还指要能够跨越不同领域集成所需知识并加以创新。在智慧教育中，探索新的教育范式是至关重要的，这需要扩大知识传递渠道，让获取知识的途径更加多元化、便利化。更为重要的是，要启发学生的智慧，指导学生积极创新，从而引导学生的个性发展。

数字化时代的智慧教育将出现新的变化。首先，智能化的硬件和软件建设将进一步深入融合发展，实现以学生为中心、具有体系性的教育创新，形成"五育"融合的优质教学与服务系统。同时，智慧教育的整体构建也将从平台、资源和模式等层面进行协调发展，并向区域整合发展，以统一规划发展和系统化设计。其次，未来的智慧教育将越来越注重学生的个性化成长，

而通过智能化、数字化手段实现的因材施教，可以有效培养学生的核心素养，进而促进学生的知识建构、深度认知和智慧成长。最后，越来越多的数字化教育专业人才将参与推动智能课堂全面落地和常态化运用，从而在教育领域顺利进行改革。总之，未来的智慧教育将更加注重学生的个性化发展，以创造更好、更智能化的学习环境，促进学生全方位的发展。同时，教师的数字素养提升和专业人才的加入也是智慧教育成功实现的关键。

3. 聚焦核心素养，促进创新型人才发展

以人工智能、大数据、物联网、云计算为代表的新一代技术与各行业的深度融合推动了新产品和新业态的出现，最终颠覆了原有的产业形态，导致整个社会的就业结构发生重大变化。因此，如何满足人才培养的新要求成为当前需要解决的重要问题。

在人工智能时代，人们需要通过学习来获得实践智慧，这也是教育的本质。有了智慧，我们学会深思熟虑、判别好坏，懂得判断或回避问题，可以很好地利用存在于我们之间的一切美好的东西，可以恰当地进行社会交往，可以洞察良机，机敏地运用语言与行动，掌握一切实用的知识。

现如今，数字孪生、全息、5G网络、虚拟现实、机器学习等新技术不断涌现，为教育的变革和发展提供了良好的条件。智慧教育成为人们研讨和关注的焦点，它利用最新的人工智能等技术改变了传统的教育形式，为培养学生的自主能力、创造能力、人际交往能力、各类综合创新思维能力以及创新实践能力提供了更加开放和多元的信息环境。智慧教育的核心目标是培养学生获取实践智慧的能力，进而发挥新一代技术在教育中的巨大优势。智慧教育为培养具备创造力和终身学习力的人才提供了良好的环境，并提供了智能课堂、智慧实验室、智能图书馆和智慧学校等学习空间。这些空间可以用于了解学生所处的环境，确定学生特点，为其提供相应的学习资料与工具，以及自动记录学习流程并评价学习结果。因此，促进新一代技术与教育深度融合，转变人才培养方式和途径，是智慧教育发展的必要条件和主要方向。

第三章

润泽仁爱的育人场景

第一节　润泽仁爱的校园生态环境

　　建立与办学理念相契合的智慧校园环境是实现智慧教育的第一层境界，广州市番禺区实验小学围绕"以仁爱为本，以智慧为美"的办学理念，以"四化三学"的育人场景为核心，以润泽仁爱的育人文化为方向，推进校园智慧环境和人文氛围建设，致力于构建智慧和人文融洽共生的教育生态。

　　新型数字基础是智慧教育建设的基石，人工智能、物联网、大数据、云计算等新一代数字信息技术是推进教育数字化转型的支撑。在教育数字化战略行动的引领下，各级各类机构和学校正如火如荼地推进数字化转型，利用新 代数字信息技术推进新型基础建设和智慧校园环境建设，这是我国教育领域正在掀起的一场新的"校园革命"。

　　智慧校园环境建设作为智慧教育的重要组成部分，是实现数字化转型的基础。智慧校园环境是指为学生学习生活和教师教学活动提供智慧应用服务的空间和智能化的软硬件设备，以及有利于促进师生的教与学、有助于人的发展和幸福获得的学校环境的总和。它是在物联网、云计算、大数据等新兴技术推动下的教育信息化、数字化建设新形态。智慧校园环境是一种典型的智慧学习空间和育人场景，其建设是现代学校变革的内在诉求，也是数字和智能时代的大势所趋。国家"十四五"规划中提出要"建设高质量教育体系"，其中建设适合并能够支撑学校数字化转型和创新发展的新型基建和校园环境是重要方面。

　　广州市番禺区实验小学在推动学校数字化转型和创建智慧学校的过程中

立足仁智教育的核心理念,提出"六智融合"育人模式,从智慧环境、仁智课程、智动课堂、智趣活动、智享资源、智能评价六方面全方位、全过程、全要素推动数字信息技术在教育教学中的应用,紧紧围绕立德树人的根本任务,充分挖掘和发挥数字教育的独特育人价值,走出一条独具特色的智慧育人之路。智慧环境的创设是其中最为基础和具有决定性的前提条件。

一、润泽仁爱的生态环境

广州市番禺区实验小学以"环境育人,润泽仁爱"为基本准则,以"自然与生命"为主旋律,在校园建筑、园林景观、学习空间和设施设备等方面进行了整体规划、科学部署,构建了人文和谐、智慧共生的现代化智慧校园环境。通过构建智能适宜的校园特色场室,让仁智教育的思想和育人理念贯穿智慧校园环境的每一个角落,致力于让每一台设备、每一根草木都能承载育人功能,浸润仁爱文化。

(一)校徽与校花

学校校徽由传统汉字"仁""智"以及奖杯演变图形和月桂枝组成。"仁""智"以篆书的抽象形式表现。"仁"代表着人与人之间友好、仁爱,代表着道德原则、道德标准和道德境界;"智"代表着智慧、思考、判断和解决问题时所表现出来的能力和素质。"仁"与"智"汇聚了儒家及国学悠久的历史和优良的文化底蕴。月桂枝象征着崇高、荣誉、友好和吉祥,体现学校办学宗旨和精神面貌。校徽整体以蓝色、橙色、黄色为基调,体现活力、包容的胸怀和气度。校徽上月桂枝围绕着"仁""智"和奖杯,体现学校教育的关爱本质,同时喻示学校在教学中取得的丰厚成绩。整个图案稳重、精致、前卫。

学校校花为桂花,含义为"誉满天下,香面天下"。它是崇高、荣誉、友好和吉祥的象征,寓意学校致力于教育突破和成就,赢得社会的赞誉,体现学校办学宗旨和精神面貌。

(二)校园建筑与景观

学校雕塑主要包括名人典故、育人理念、特色项目三部分,具有校园宣传和文化育人的功能。雕塑放置在朝贤路旁或路口处,布局合理。以人物轮廊为外形，搭配名人警句、知名典故等介绍，构成学校独特的雕塑景观。

以仁智为核心元素，学校楼宇依次被命名为"智艺楼""智文楼"和"智雅楼"。楼宇以欧式风格为主，彰显国际化特色；以淡雅的暗黄色为主色调，符合仁智教育理念。各楼宇相互连接，形成仁智建筑楼群。

自然与文化的融合是学校厅廊文化建设的一大特色。学生在感受大自然气息的同时置身于仁智文化氛围中，接受人文熏陶，厅廊因此起到校园文化宣传和文化育人的作用。学校厅廊以"自然与生命"为基调，均搭配绿色植物与装饰，错落有致，营造自然、舒适的校园环境。

有学校四周的围墙有诗有画，更有各种名人名言。每一个景点都给人以心灵感悟。教学楼里，更是利用电子班牌和数字文化墙，让每一条走廊都成为一道亮丽的风景线：有国学知识、生活礼仪等知识栏，有班级特色的展示栏，还有优秀的师生书法作品。漫步校园，宛如徜徉在传统文化的唯美意境之中，让学生置身其间耳濡目染，受到文化陶冶，感受仁爱的浸染。

学校里还种满桂花，代表崇高、荣誉、友好和吉祥，它外表朴素、香飘远处，提示师生要重视内在涵养的提升。除了打造仁智大堂、仁智长廊、仁智教室等文化特色区域，学校还结合智慧校园，利用虚拟空间、电子班牌等播放德育视频，让学生每时每刻都能得到熏陶、内外兼修。

二、数字化新型基础建设

作为广州市智慧校园实验学校，广州市番禺区实验小学致力于数字化新型基础的建设，目前已建成覆盖学校教学区的高速、稳定、安全的校园网，基本形成泛在化学习环境；构建了多元立体的智慧特色场室，包括科学探究室、录播室、创客室（开设 STEM、创客机器人编程课程）、微课室（数字化教学实验室）等；并且依托新型智能教学软硬件设备和工具，基本实现了教学环境的信息化、网络化、数字化。

（一）校园网络构建泛在化学习环境

学校实现宽带与无线覆盖，校园网与广州市教育科研网实现 1 000 M 以上宽带连接，形成泛在化学习环境。目前全校 26 个教学班均已接入 100 M 校园网，配备交互式一体机，实现网络建设班班通，共享优质教学资源。学校融合云网端，构建数字教学环境，开展信息技术支撑下的教学、管理、教研、后勤、安全、家校互动等创新应用，为师生、管理者、家长提供个性化、智慧化、效能化的教育公共服务。

（二）智慧特色场室创新教学环境

学校有效整合新技术手段，构建了立体化的智慧特色场室，包括智慧教室、科学实验室、录播室、创客室（开设 STEM、创客机器人编程课程）、微课室（数字化教学实验室）等，创设了智慧化的教学环境。

1. 智慧教室

学校已建成 15 个智慧教室，具备支持教学活动的实验室环境，并且配备了定制化的学生桌椅、展示柜、电子白板等教学设施。智慧教室有效整合智能移动终端、教育云平台、交互式一体机、智能录播系统，为师生提供智能化的教学环境，助力师生开展个性化学习。智慧教室架构如图3－1所示。

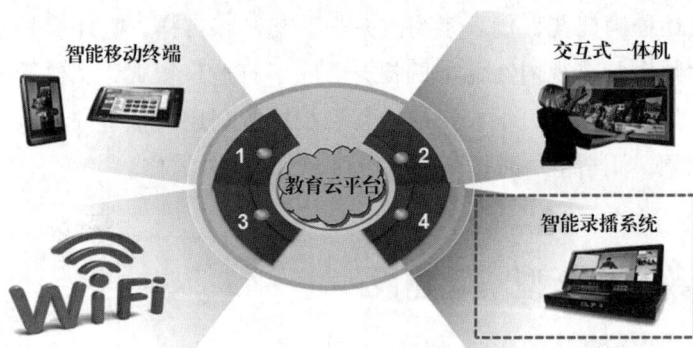

图 3－1　智慧教室架构

2. 科学实验室

学校建有科学实验室，配备无人机、Scratch 创意编程扩展硬件等设备，支持学校创客教育的开展。

3. 录播室

智能录播系统配有强大的录制和直播设备，能够将现场摄录的视频、音频和电子设备的图像信号（包括电脑、视频展台等）进行同步整合，用来对外直播、存储、后期编辑、点播。录播室与智慧课室有效结合，可用于支持学科教学。录播室架构如图 3－2 所示。

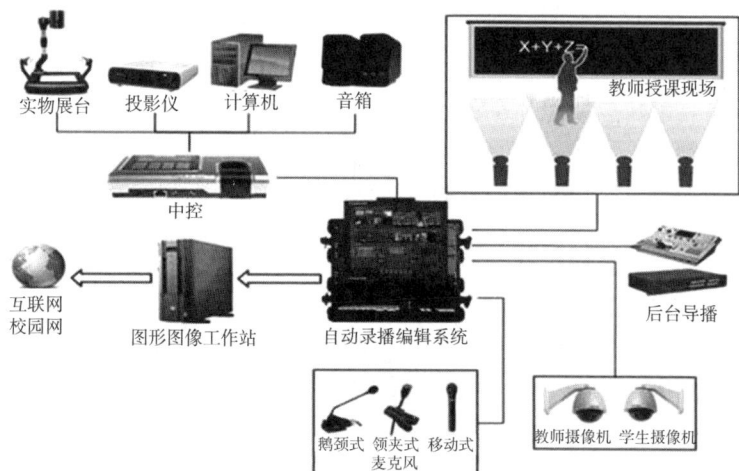

图 3 - 2　录播室架构

4. 仁智特色场室

学校建立了仁智俱乐部、合唱室、书法室、体育馆、少先队广播室、红领巾电视台和躬耕园等一系列仁智特色场室，用于支持仁智特色课程和仁智活动的开展，为促进学生全面发展、培育仁智好少年奠定基础。

（三）智能装备支撑智能教学环境

1. 智慧教育管理平台

在智能中控系统方面，学校自主研发了智慧教育管理平台，该平台是根据教育部《教育信息化十年发展规划（2011—2020 年）》和"三通两平台"建设要求，集教育公共服务、教育管理、教学管理、资源管理、智慧校园等多方面应用于一体，采用大数据、物联网等多项行业领先技术的一个平台。智慧教育管理平台分别面向教育主管部门、学校、教师、学生和家长进行了细致的功能设计，为学校提供了一个全面、优质、实用、易用的"三通两平台"解决方案。其中，教师可充分利用信息技术制订教学计划，进行课程管理、教学评价，组织教研科研、排课等，基本实现学校管理自动化、智能化。在办公自动化基础上，在校产管理、场室管理、后勤管理、校园服务等方面全方位利用信息技术，实现智慧校园管理的智能化与规范化。

2. 教学机器人

在教学机器人方面，学校具备多样化的教学装备系列。教学机器人系列共有 35 套，其中神经元教育套件 6 套、小创客玩转开源机器人 6 套、小创客玩转开源机器人 – 教学内容 1 套、中级教学机器人套件 6 套、终极教学机器人套件 6 套、创新启蒙套件 6 套、守护家园器材套装 3 套、守护家园器材套装场地 1 套。还有各种不同系列的创客机器人组件，其中包括各类传感器，能够通过编程对教学机器人进行控制。

3. 人工智能工具

学校已购置相应的人工智能相关设备。VR 系列共有 53 套，其中包括教师管理终端 1 台、VR 智能终端 24 台、VR 充电车 1 台、VR 教学云平台 1 套、教师创客空间模块 1 套、VR 教育管理系统 1 套、VR 课程资源 24 套。编程与3D 打印系列共有 249 套，配备多样化人工智能开发板、拼接结构组件等，其中造物粒子编程入门套件 20 套、造物粒子编程入门教程 46 套、造物粒子物联网主题套件 20 套、物联网学习手册 46 套、人工智能单片机 46 套、人工智能入门套件 20 套、造物粒子创意拓展套装 8 套、比赛专用套装（小学高年级）2 套、造物粒子套装（小学低年级）4 套、Micro:bit 基础入门与趣味编程 10 套、面向 STEM 的 Scratch 创新课程 10 套、创客玩智能控制电子制作 10 套、创客教室专用教学套件 1 套、PLA 模具制作机 1 台和 PLA 模具耗材 5 卷，还有着丰富的开源硬件，涵盖了基础版与进阶版。学校人工智能课程软硬件资源清单目录如表 3 – 1 所示。

表 3 – 1　学校人工智能课程软硬件资源清单目录

系列	品牌	型号	名称	数量/单位
机器人系列	makeblock	P1030023	神经元教育套件	6 套
	makeblock	P1050004	小创客玩转开源机器人	6 套
	makeblock	P3110001	小创客玩转开源机器人 – 教学内容	1 套
	makeblock	90093	中级教学机器人套件	6 套
	makeblock	90041	终极教学机器人套件	6 套
	makeblock	P1010057	创新启蒙套件	6 套
	makeblock	P1090017	守护家园器材套装	3 套
	makeblock	P1090021	守护家园器材套装场地	1 套

（续上表）

系列	品牌	型号	名称	数量/单位
VR 系列	华为	SCM－W09	教师管理终端	1 台
	PICO	A7510	VR 智能终端	24 台
	领点	LD－CM05U	VR 充电车	1 台
	领点	LD－VRCloud V1.0.0	VR 教学云平台	1 套
	领点	LD－VRCreator V1.0.0	教师创客空间模块	1 套
	领点	LD－VRManager V1.0.0	VR 教育管理系统	1 套
	领点	LD－CW－P－KX V1.0.0	VR 课程资源	24 套
编程与3D打印系列	DFRobot	EDU0080	造物粒子编程入门套件	20 套
	DFRobot	BOK0042	造物粒子 编程入门教程	46 套
	DFRobot	EDU0084	造物粒子物联网主题套件	20 套
	DFRobot	BOK0061	物联网学习手册	46 套
	DFRobot	SEN0336	人工智能单片机	46 套
	DFRobot	EDU0057	人工智能入门套件	20 套
	DFRobot	EDU0050	造物粒子创意拓展套装	8 套
	DFRobot	EDU0071	比赛专用套装 （小学高年级）	2 套
	DFRobot	EDU0037	造物粒子套装 （小学低年级）	4 套
	DFRobot	BOK0048	Micro:bit 基础入门与 趣味编程	10 套
	DFRobot	BOK0051	面向 STEM 的 Scratch 创新课程	10 套
	DFRobot	BOK0029	创客玩智能控制电子制作	10 套
	DFRobot	定制	创客教室专用教学套件	1 套
	育元科技	YY－Z170B	PLA 模具制作机	1 台
	国产	PLA1.75	PLA 模具耗材	5 卷

（四）智能技术赋能师生教育教学

1. 智慧学习卡

配备数据化的智慧学习卡，用于教学数据的信息化采集，加强数据管理和分析，提高教学质量，引入大数据、物联网等先进技术，切实有效地减轻学生负担。通过采集数据，精准、及时地掌握学生每一节课的学情，提高课堂管理先进性。

2. 个性化作业推送机

通过个性化作业推送机，对学生的错题进行采集归纳，形成错题本。针对错题类型精准推送题型，提高学生个体练习的针对性。通过智能学习终端打印个性化作业，实现作业管理智能化。

3. 智慧教学 + AI 工程

建设智慧教学 + AI 工程，将人工智能与 STEM 教育结合，建设 STEM 系列资源，推进智慧教学，培养适应未来社会的创新型人才，实现教学生态性与学生主体性。

4. 智慧阅读

依托广州市智慧阅读平台，通过现实空间与虚拟空间的结合形成智慧阅读平台，在人—书—网基本融合、家—校—社—企的多方协同联动下探索推动智慧阅读有效开展的途径，形成智慧阅读工作机制，提高师生阅读适用性，积极与广州市中小学生智慧阅读平台、清华同方知好乐平台合作。每位学生都有自己的账号，可以在平台上的"课外阅读"专栏进行电子借阅。教师自主开发校本资源，如语文组教师开发"现代与经典"校本资源。丰富多彩的图书资源为学生的进一步学习提供了充分的条件。

在"十四五"时期，学校将继续夯实数字化新型基建的建设，着力推进物联网建设，实现对校园水、电、基础设备设施、教学实验设备、车辆进出和停车位置、危险物品和危险实训仪器等的感知；探索新一代移动网络技术（如 5G）在学校教育教学和行政管理中的应用，最终建成以有线网、无线网、物联网、移动网络为基础的"四网融合"的校园基础网络环境。

第二节 智慧充盈的泛在化学习空间

广州市番禺区实验小学在从传统校园向智慧校园转型期间，致力于打造一体化的仁智网络学习空间，依托丰富优质的教学资源，创建教研学一体的师生互动空间，以便捷高效的智慧管理提升师生教与学的效能。

仁智网络学习空间以"四化三学"为目标，即通过数字信息技术推进线上线下、家校社一体化，学习资源、学习痕迹、学习评价、学习管理数据化，教学诊断、学校管理可视化，学习支持与学习互动个性化，最终实现"人人皆学、处处能学、时时可学"的目标。仁智网络学习空间包括个性化的学研一体空间、数字化专题资源学习库、智能化的智慧教育管理平台、个性化的特色社团空间、数字化资讯与风采展示区五大功能模块，覆盖课前、课中、课后三个环节以及校内和校外两个场景，支持开展备课、预习、上课互动、作业、讨论、辅导、自学等教学环节，为有效整合现实课堂和虚拟课堂、实现高效互动教学提供了全面支撑。

一、仁智网络学习空间的建设历程

仁智网络学习空间的建设一共经历了准备、规划与初步建设、全面实施与应用三个阶段，具体如下：

（一）第一阶段：仁智网络学习空间准备阶段（2013 年 9 月—2014 年 12 月）

第一，学校建设了覆盖教学区的高速、稳定、安全的校园网。校园网基于三层网络结构，采用以太网技术作为主干技术，呈星形网络拓扑结构，与番禺区教育局实现百兆宽带连接，融合云网端，实现了校园网络全覆盖，基本形成泛在化学习环境。

第二，学校依托已有的智慧校园环境（如图 3-3 所示），建有多个特色功能场室。智慧教室有效整合智能移动终端、教育云平台、交互式一体机、智能录播系统，为师生提供智能化的教学环境，助力师生个性化教学的开展。

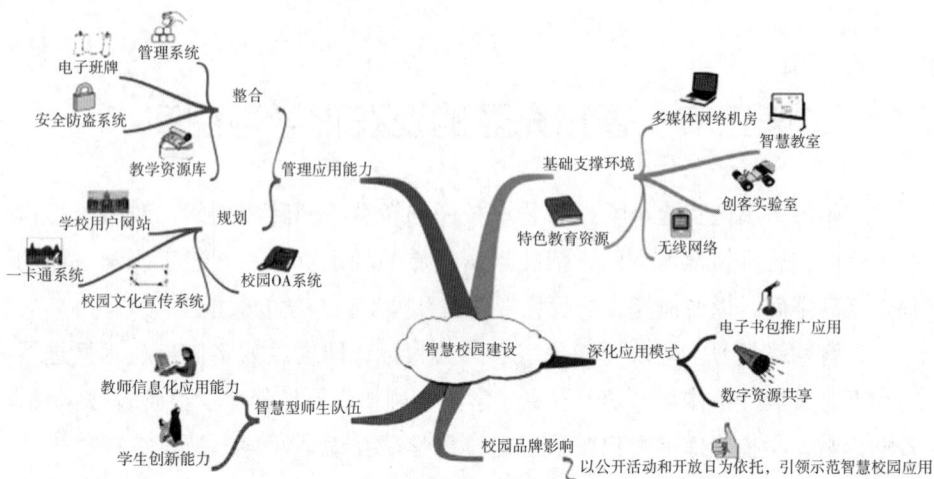

图 3-3 智慧校园环境

（二）第二阶段：仁智网络学习空间规划与初步建设阶段（2015年1月—2017年12月）

根据《教育信息化"十三五"规划》《教育信息化 2.0 行动计划》以及《网络学习空间建设与应用指南》，基于已有的网络学习空间配套条件，学校对仁智网络学习空间进行了初步规划。

1. 规划原则

（1）总体设计，分步实施。

网络学习空间建设应总体规划、整体设计、相互协调、分步实施，要放在一个区域及更大范围内进行战略思考，要充分依托教育云公共服务，提升信息化能力。

（2）以人为本，服务学习。

网络学习空间建设应以师生的发展为终极目标，构建最优的信息化学习和教学环境，为每一个学生提供个性化学习、终身学习的信息化环境和服务。

（3）应用引领，创新教学。

网络学习空间建设应贯彻应用驱动的原则，从学校信息化教学与管理应用需求出发，有计划地组织实施。根据自身的条件和发展目标，突出学校在教与学方面的应用创新，打造特色鲜明的网络学习空间。

（4）有效连接，协同发展。

网络学习空间建设要有开放意识、创新思维，要加强与其他学校的合作，实现优势互补、资源共享、共同发展。

2. 空间划分

仁智网络学习空间以学校官方网站为依托。通过学校官方网站，学生、教师、管理者等可直达仁智网络学习空间，进入相应空间模块。仁智网络学习空间中设有学生、教师、家长、管理者等一体化的教育教学子空间，包括专题资源学习库、个性化学研一体空间、智慧教育管理平台、特色社团空间：

（1）专题资源学习库。

专题资源学习库用来展示学校的优秀课例视频和微课视频。同时，专题资源学习库面对所有校内校外的访问者开放，主要是为了加强学校与学校之间的交流学习。

（2）个性化学研一体空间。

个性化学研一体空间由学生、老师自建自用。学校提供统一的网络学习空间账号，主要用于学习、教学、工作、交流，并实时更新空间数据。教师和学生可自行修改自己个人空间的账号密码，保证个人网络空间的私密性。

（3）智慧教育管理平台。

智慧教育管理平台是围绕教学或管理服务工作任务而形成的空间，此模块面向网络学习空间的管理者开放。全面应用于管理、教学、学习及服务，它是对全体学生、教师个人空间建设的深化与延伸。管理者可通过智慧教育管理平台查看各个教师使用网络空间备课的次数及时长；查看各个教师互动课堂使用次数、互动任务发布数量、空间使用累计时长；查看各个学科通过电子书包平台发布的在线作业次数。管理者可通过智慧教育管理平台进行学科管理，教师、学生管理以及校本教材、校本资源的管理。

（4）特色社团空间。

特色社团空间主要为发展学生的课外学习兴趣而建。学生在网络学习空间中不仅能学习校本课程知识，而且能发展自己的个人特长。特色社团空间中设有各式各样的兴趣班，学生可以根据自己的学习兴趣进行选择。

（三）第三阶段：仁智网络学习空间全面实施与应用阶段（2018年1月—2023年）

经过初步规划与建设后，学校制订了一套有效的个性化学习方案，形成《广州市番禺区实验小学特色网络空间学习方案》，依托空间个性化学习平台，做好各学科相关学习资源的上传工作；协同广州市星好信息技术有限公司，建立智慧教育管理平台，为数字化校园管理提供扎实的平台基础。学校最终完成了28个班级近1 200名学生、70多名任课教师的网络学习空间账号开通，建成学校个性化的仁智网络学习空间。

为了全面提升教师的网络学习空间运用能力和信息素养，学校对全体教师分批开展培训，包括学校信息化管理团队领导力培训，研训团队信息技术应用指导能力培训，信息化教学创新团队引领能力专项培训，以及新型技术与教学设备、教学平台、教学软件使用培训。

仁智网络学习空间试运行阶段，学校师生经过专业培训后，在网络学习空间中进行为期两周的试用。期间，部分师生全面使用网络学习空间中的所有功能，测试其稳定性。空间技术部门实时监控网络学习空间运行情况，及时记录师生的使用反馈。试运行阶段结束，网络学习空间重新进行优化调整，正式投入使用。全体师生使用个人账号在网络学习空间中进行管理、教学与学习。

如今，学校仁智网络学习空间基于开放式的云架构，为教师、学生等各类用户提供一站式人人空间，满足教学研讨、个性化学习、互动交流等信息化需求，帮助学校、教育部门建立互动网络学习环境。网络学习空间使用统一的基础数据及架构体系，利用标准接口，能将各方应用方便地接入平台，并实现应用信息、教育内容的推送，增强平台应用投入扩展性，同时避免多个应用单独使用时的数据冗余及体验不佳的问题。用户通过信息门户登录平台，进入网络学习空间开展教研、学习、互动。用户角色分为教师、学生、管理者、家长四个类别，每个用户都有对应的空间。用户可以在互动空间内分享沟通，并按角色使用相应的教学应用，还可以根据需要从应用广场中选择接入新的应用。

二、仁智网络学习空间的应用规则

为了营造良好的网络学习空间环境，激发教师、学生、家长的积极性，以达到最大化的空间利用率，学校为教师、学生、家长分别制定了相应的网络学习空间应用规则。

（一）教师网络学习空间应用规则

1. 网络学习空间常态化使用规定

学校制定了教师网络学习空间常态化使用规定，对教师的网络学习空间使用提出了如下建议与要求：

①每周至少登录 3 次个性化学研一体空间，查看学生的学习进度。

②每周至少使用 1 次网络学习空间，开展个性化教学。

③每周至少布置网络作业和测验各 1 次。

④当周批改学生每周的课后作业，及时对学生的学习问题进行辅导答疑。

⑤每周发布 2 次讨论问题供学生留言讨论，与学生的互动次数可根据学生留言情况来定，但不得低于 10 次。

⑥每周至少上传 2 次学习资源，包括视频、课件等类型，及时更新学习内容。

⑦每周至少下载 1 次学生的测试数据，进行错题统计。

基于以上规定，学校对每周使用网络学习空间次数多于 20 次的教师（包括发布学习问题、作业、测试、学习资源、讨论互动等）给予相应的表扬和绩效奖励。对未达到网络学习空间最低使用量的教师给予口头批评，减去一定的工作绩效得分，并要求教师撰写相应教学反思。在对教师网络学习空间使用情况统计的监管中，着重给予不积极使用网络学习空间的教师关注、帮助与引导。教师的网络学习空间使用量标准如表 3 - 2 所示。

表 3 - 2　教师网络学习空间使用量标准表

方式	登录	个性化教学	作业	测试	讨论	互动	学习资源	测评数据
次数	3	1	1	1	2	2	10	1

2. 网络学习空间使用文明规定

学校还同步制定了教师网络学习空间使用文明规定，规定指出：

①教师不得发布与学生相应学习阶段无关的学习内容。

②学习资源应多样化，不局限于一种方式。

③在与学生的讨论互动中保持文明礼貌，不得辱骂学生。

④教师带头养成良好的网络学习空间使用习惯，创设优良的网络学习空

间环境，为学生树立榜样。

⑤无论学生提出的疑问简单与否，教师都要及时给予回复，保护学生的自尊心和好奇心。

（二）学生网络学习空间应用规则

1. 网络学习空间常态化使用规定

学校制定了学生网络学习空间常态化使用规定，对学生的网络学习空间使用提出如下建议与要求：

①每周至少登录2次个人学习空间。

②至少选择1个，最多不超过2个的特色社团。

③每周至少参与1次在线学习、完成1次网络作业或者测验，与教师的网络教学次数保持同步。

④每周至少参与3次网络讨论、发布1次网络学习疑问或学习体会。

⑤对教师每周发布的所有学习资源，在当周至少点击1次。

基于以上规定，学校对每周使用网络学习空间次数多于10次的学生（包括参与讨论问题、完成作业和测试、点击学习资源等）在班级里给予相应的口头表扬，并奖励相应的小礼品。对未达到网络学习空间最低使用量的学生，在课后进行了解与引导，询问他们未完成的原因，并向其家长反映，让家长作出监督，鼓励学生积极参与。在以后的网络学习空间使用中，着重关注不活跃的学生，及时跟进、督促与引导。学生的网络学习空间使用量标准如表3-3所示。

表3-3　学生网络学习空间使用量标准表

方式	登录	特色社团	在线学习	作业	测试	讨论	提问	学习资源
次数	2	1~2	1	1	1	3	1	1

2. 网络学习空间使用文明规定

①学生要及时关注教师的教学进度，按时完成学习任务与测试，有问题及时向老师反映。

②在空间中的一切活动围绕学习内容展开，不得发布与学习内容无关的言论。

③尊重其他同学的学习权利，不得恶意连续参与讨论。

（三）家长网络学习空间应用规则

1. 网络学习空间常态化使用规定

家长可利用学生账号登录智慧校园管理家长端平台，查询学生学习情况和考试成绩，及时与教师沟通交流。学校要求家长每周至少登录 1 次家校管理平台，查看学生本周学习成绩。家长可直接在平台中处理学生请假事宜。

2. 网络学习空间使用文明规定。

每位家长只能查看自己孩子的学习成绩。对学习成绩有疑问可直接通过网络学习空间向教师发起询问。家长在询问过程中应保持良好的询问态度与礼仪，尊重教师的劳动成果，共同构建良好的家校联系环境。

三、个性化学研一体空间支持服务

（一）教师端

1. 资源管理系统

资源管理系统包括"教师个人资源"和"资源中心"两大模块。"教师个人资源"不仅是云资源备份中心，还是资源收藏中心。教师可以随时随地上传、下载、收藏、共享和推荐相关教学资源。上传的资源既可以是本地资源，也可以是网络文件。上传的资源既可以共享到学校或区域内，让更多的教师观摩、使用；也可以将其推荐至校本、区本资源，待管理员审核通过后在更大的平台进行展示、教学。教师还可以对资源的信息进行再次编辑，将资源移动或复制到不同的教学目录中。"资源中心"则汇集了清华同方知好乐教研团队精心研发的教学资源以及区本、校本优秀教学课例和微课视频，教师可以根据年级、学科、资源类型、格式等条件对资源进行查找和筛选。

2. 备课、授课平台

备课、授课平台提供教材同步目录，方便课件的使用、检索、管理与共享。每节课均有相应的备课夹，教师可按照章节、课时、应用场景（课前/课中/课后）准备课件资源；教材每课（章节）都有同步配套的试题、教材解析等碎片化备课资源，方便教师备课。平台支持教师在线制作各种题型的互动试题和组卷，提供在线备课软件和多种资源开发工具，教师可以开发出个性化互动资源，在线制作互动课件；平台具备互动探究式的、游戏化的备课组件，教师也可以根据自身需求进行个性化设计和组合使用。平台支持教师以点对点、点对小组和点对班级的形式对学生进行课前资源的发布，不同类型的内容对应学生平板中不同的板块，教师可以对这些资源进行编辑、删除和移除。针对授课环节，平台支持教师使用备课夹进行在线授课（师生均可上网，不用在同一个局域网下），教师选择备课夹导入课堂任务，备课夹中的资源、作业与测试、讨论等将作为课堂教学的任务出现在列表。教师单击"开始上课"，选择上课班级后即可开展教学活动。教师可根据具体教学情况随时发布作业、测验、投票等，利用平台自带的抢答和随机选人功能进行提问，完成基本的教学交互（如图 3 - 4 所示）。

图 3 - 4　课堂记录界面

在授课环节中，教师端与电子白板结合使用，支持白板触摸操作。课堂演示支持截图、屏幕放大、幕布遮盖、屏幕下拉、勾画圈点、橡皮擦和清屏操作。在进行师生互动探究、解题答疑时，支持学生分组，教师依照分组情况分发互动任务，此时还支持抢答、随机抽取、分屏对比学生作业的操作。对于作业情况，教师可查看学生答题进度和提交人数，重新发送题目给未收到题目的学生，并可以按照练习进度结束答题。客观题系统自动批改，并生成统计图表，主观题自动汇总、即时反馈。互动课堂结束后，教师可以查看上课历史记录，包括上课时间、上课班级、上课状态、操作详情等。

3. 个别辅导系统

个别辅导系统提供了大量名师微课、动画课堂、理化生实验、多媒体教辅等学习资源。在该系统教师可以根据学生的学习情况推送学习资源，进行针对性教学，并通过查看资源学习情况进行跟踪管理。系统还支持查看推送过的资源记录并查看学习人数，教师可以具体查看每个学生的学习情况。教师首次进入"个别辅导"模块，需要选择模块显示的教学内容，再次进入时默认进入上次退出的教材位置，也可切换不同版本的教材，满足教师的个别辅导需求。

4. 作业与测试系统

作业与测试系统支持对作业、测试的统一管理，教师可以引用其他教师共享在平台上的作业和测验，也可以进行原创编辑或将 Word 文档格式的作业拆分成单题形式。系统中的试题类型十分丰富，包括单项选择题、主观题、多项选择题、判断题和复合题，充分满足教师日常测试需求。可以向班级、小组、个人等发布对象发布作业，实现个性化教学，为学生进行作业个性化指导，科学统计学生的作答情况，支持学生及时了解自身学习情况，支持教师及时掌握学生学习情况，并有针对性地进行教学。教师可以向学生发布课前预习和课后复习作业，设定作业完成截止时间。作业提交时间截止后，教师可查看学生作业整体情况，包括作业状态（待批改、批改完成）、作业类型（课前、课中、课后）、作业名称、截止时间、已评价人数、待批改人数、已提交人数、未提交人数等。系统自动提示待批改作业数、作业总次数，作业批改方式包括按人批改和按题批改两种方式。客观题由系统自动批改，主观题由教师手动进行星级评价；可对单个学生的任一题目和整体作业情况分别写评语，并将批改结果发送给学生。作业批改完成后，系统可以对作业情况进行逐题统计和班级统计，自动计算每个学生的作业正确率，生成全班正确率，可统计全班平均分数线上下的学生；批改完毕后可按照学生的提交时间、作业耗时、正确率进行排序查看。教师端作业业务

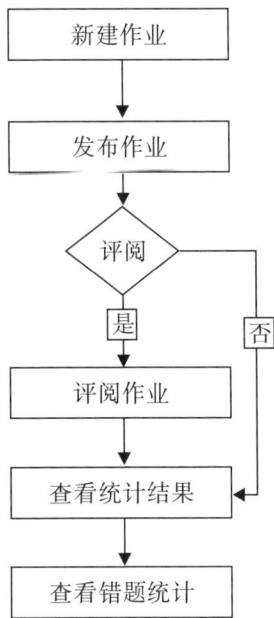

图 3-5 教师端作业业务流程

流程如图 3-5 所示。

5. 互动讨论系统

在互动讨论系统中一共支持创建五种类型的活动：主题讨论、写作、小组讨论、投票和学习专题。教师既可以进行原创设计互动，也可以引用他人的互动进行改编并发布到多个班级，对于已发布的互动可以进行修改、删除、再发布。教师可以给学生的回帖讨论赠送鲜花或进行评论，激发学生学习积极性。教师还可以将值得学生深入探究的回帖加入课堂授课中，便于集中讲解展示。对于有争议的回帖，教师可以对其发起投票，查看学生观点并引导学生进行辩论，引发学生深入思考。其余四种类型的活动的功能与主题讨论活动的相类似。

6. 教学统计系统

教学统计系统包括"课业学习""德育表扬""专项训练"三大板块。"课业学习"板块的统计数据有：班级正确率、学生正确率趋势、班级累计出题量、错题统计、学生作业提交时间。班级累计出题量可按时间和章节进行统计，并能呈现分课时统计量详情。错题统计可按错误率和发布时间进行排序，具备题型检索功能，并精确到所属单元/章节。"德育表扬"板块记录学生被表扬的次数，单个学生的数据可与班级整体情况作比较。统计数据可以按照本周、本月或自定义范围查看。"专项训练"板块的统计数据按科目划分，可查看高效阅读、口语训练等数据。除此之外，教师可在"课堂记录"模块中查看历次上课记录以及上传课堂记录，根据上课班级、上课实践对上课记录进行筛选，可以看到此次课堂的具体内容，包括课堂活动情况、表扬情况、抢答情况和随机选人情况。

7. 教师个人空间

教师个人空间提供了个人设置、班级管理、待处理事务等服务。教师可以在"个人设置"板块对个人信息进行维护和管理，比如年级、任教学科、修改密码等，也可以在个人空间页面找到备课授课、互动讨论、作业与测试等模块的快捷入口，还可以根据个人需求定制所需功能的快捷入口，提高效率。"班级管理"板块则支持教师加入班级成为班级任课教师、对班级学生进行管理和分组、创建选修班等。"待处理事务"板块则是系统自动记录教师的应用数据，为教师推送待处理事宜提醒。

8. 教研服务系统

教研服务系统最主要的功能是为教学设计研究提供视频课程和教学案例，

教师可以观摩、学习系统提供的已有的教学资源和其他教师上传的优秀案例、微课等，以此来发现自己目前的不足，提升个人教研能力。在跨校观摩中，为了便于教师查看其他学校及班级的优秀活动，系统支持三种类型的筛选，促进跨校、跨区域之间的教学交流，提升教师专业素养。

（二）学生端

1. 互动课堂模块

图 3-6 是学生参与互动课堂学习的基本操作流程。课堂活动主要有课堂测试、主题讨论、资源应用和表扬。在互动课堂中，学生端屏幕受教师管控；互动方式多样，有抢答、拍照、录音、摄像等；师生可进行即时互动，老师的表扬话语可在本模块即时呈现。学生也可以在互动课堂模块中查看每一次的课堂记录，对课堂内容进行回顾和巩固。

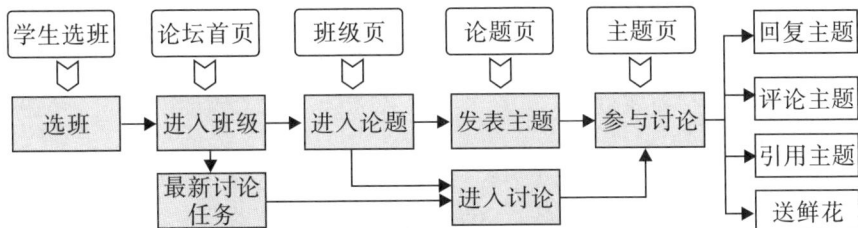

图 3-6　学生参与互动课堂学习的基本操作流程

2. 作业模块

学生在作业模块完成教师发布的作业。学生收取教师发布的作业并自动添加到相应的科目下。所有作业按照未完成、已完成、已批改进行分类，并按时间倒序排列。对于教师布置的作业，学生可以查看作业状态、截止时间、其他学生的完成情况。学生可以下载指定作业，答客观题时选择相应选项即可，对主观题可选择文本、图片、录音、数码笔任一方式作答，也可点击右方画笔直接在题目上作答。如果题目未完成系统会进行提示。提交后，客观题由系统自动评判（未作答的客观题自动判错），主观题待教师进行评阅；教师评价完成后，学生便可以在线打开查看教师的评价内容以及题目答案。对于已批改的作业，学生可以查看作业正确率、教师评语。对于未按时完成的作业，学生可以补交。

3. 互动讨论模块

在互动讨论模块中，学生参与的讨论活动多种多样。学生参与教师课前、课中、课后发布的各项讨论，可以对教师的讨论进行回帖，也可以针对自己的问题和关注点发帖，帖子会收到同学和老师的评论回复，如果质量十分优秀还可以受到老师和同学的表扬。

4. 学习资源模块

学习资源模块下有"我的学案""教师推荐"和"个别辅导"三大部分。在"我的学案"模块中，学生可以看到教师在课前推送的关于课堂学习任务等研学清单，对学习目标和学习流程有个大致的把握。在"教师推荐"模块中，学生可以在线实时接收、学习教师在备课夹中推荐的资源，也会收到教师推荐的一些关于课堂拓展提升的学习资源，还可能会收到教师针对学生个人学习薄弱点推送的学习资源。在"个别辅导"模块中，学生可以在教师的引导下学习名师微课、动画、多媒体教辅、理化生实验资源，也可在线获取最新的教师个性化指导内容；可以开展符合自身学习情况的查缺补漏，也可以参与课后知识的拓展和提升。学生可以按照学科对辅导资源进行筛选，系统会自动记录其学习轨迹。

5. 个人空间

个人空间囊括了"个人设置""信息平台""习题汇总""学习成长"四大模块。"个人设置"模块是学生个人信息的填写和展示界面。"信息平台"模块则汇总学校的相关通知事宜以及各个班级教师为学生推送的课程资讯，并且会定期对学生的学习情况和作业完成情况进行有针对性的和个性化的推送。"习题汇总"模块包括错题本和好题本。错题本按照学科进行分类，学生可以将做错的题目添加进错题本，还可以将日常看到的错题拍照上传至错题本。错题本还拥有改错功能，学生可以选择录音、图片、文本和数码笔四种方式进行订正。学生在做作业的过程中，也可收藏好题到好题本，进行经典题型记载，还可以重复练习。"学习成长"模块根据课前、课中、课后作业的数据自动生成统计分析图表，汇总学生获得的表扬次数，自动生成学生阶段性学习曲线，支持在线教学分析、学习分析、学生能力发展分析、学生综合素质评价等全方位、多层次的评价服务，可使学生了解自己近阶段对知识的掌握程度、作业的完成度、课堂参与度等。

四、仁智网络学习空间的应用及效果

以仁智网络学习空间为中心，通过教育云平台、电子书包课堂等搭建智慧教室环境，构建智慧教室环境下的小组合作学习模式，为学生提供合作式学习平台，提升学生的合作学习能力，提高智能教育质量。通过对数据信息的整合，利用教育云平台、交互式一体机、电子书包、无线网络等搭建智慧学习环境，构建了新型的、智能化的教学环境，实现了教学管理的智能化、教学资源的数字化、学习交流的无障碍化，全面促进了教育数字化的发展，提高了学校师生的数字素养。

第三节　数字赋能学校现代化治理

一、智慧管理的内涵

智慧管理，是以智慧教育管理平台为核心，对外界基本需求进行智能处理，为教育管理提供资源配置、数据集成、信息管理、数据监控以及远程督导等多元化服务的平台。[①] 智慧，就是对于知识的创新、与客观物体的古往今来的统一；而智慧管理，是对现今所有知识管理的创新，让知识管理成为完善的、真正意义上的管理模式。[②] 智慧教育管理平台是围绕教学或管理服务工作任务而形成的空间，面向网络学习空间的所有管理者开放。将数据空间全面应用于管理、教学、学习、服务，是对全体学生及教师个人空间建设的深化与延伸。管理者可通过智慧教育管理平台查看各个老师使用互动课堂的次数、发布互动任务的数量、累计使用个人空间时长；通过电子书包平台查看各个学科发布在线作业的次数；通过智慧管理平台进行本校学科管理，教师、学生管理以及校本教材、校本资源的管理。云计算、大数据、无线通信等新

---

① 荣荣，杨现民，陈耀华，等．教育管理信息化新发展：走向智慧管理［J］．中国电化教育，2014（3）：30－37.

② 王楠．教育管理信息化新发展：走向智慧管理［J］．课程教育研究，2016（30）：10－11.

兴技术的产生促使人类由信息化时代走向智慧时代，而智慧管理正是智慧时代教育现代化转型的产物。目前，教育管理信息化、数字化的新发展趋势是智慧管理取代传统的信息化教育管理。

二、智慧管理的特征

智慧管理是一种全新的知识管理体系，比起传统的管理体系，有着更加完善的管理模式。"完善"指的是其能自我完善并自我识别管理体系中的缺陷，使得管理者能及时地修复，而且能促进教育管理信息化的全面发展，能让教师和学生都感受到其带来的便捷性。[①] 智慧管理的主要特征如下：

（一）可视化数据分析

智慧管理与传统管理最显著的区别之一在于信息数据的可视化。传统人工管理平台中的信息数据往往表现为普通文本或超链接文档的形式，而在智慧教育管理平台中，管理者可以基于视像信息系统从三维立体角度，例如图片、图表或视频等视图资源，获得所需信息。而且管理者可以通过可视化材料更直观地分析相关数据及其管理平台内部结构关系。可视化的信息管理系统可以提供多种监测角度，管理者利用图表、视频、三维立体场景等手段观察、分析信息数据，然后结合不同维度，更深入地了解数据，从而保证决策的科学性和风险评估的精准性。

（二）大数据智能化

智慧管理为管理者提供全面的信息系统和科学的分析数据，帮助管理者从数据内部关系中挖掘出更有价值的潜藏信息，从而更为高效地解决管理中的现实难题。与此同时，深度挖掘相关数据，还能够对教育领域发展过程中可能出现的相关变化及具体发展趋势进行有效预测，有效规避隐藏风险。从学生服务的角度出发，在进行智慧管理时，管理者能够通过智慧教育管理平台全面收集和系统整理校园教育信息，包括家长反馈意见、学生成绩、学生基本信息等，然后通过大数据技术系统归纳并分析相关信息，从而获取更多潜在有效数据，然后进一步应用智慧教育管理平台所具有的智能诊断技术具

---

① 陆雁飞．教育管理信息化新发展走向智慧管理［J］．学周刊，2019（15）：184.

体分析结果的合理性，改进教育管理工作。

三、智慧管理的价值

传统教育管理信息化建设存在许多现实困境，比如数据的挖掘不充分、不系统导致数据的使用效果大打折扣，而智慧管理可以有效解决这一问题。利用系统本身对数据的敏感性，智慧管理能够结合网络数据进行精准的分析，深度阐释数据背后的隐藏价值。网络智能信息本身就是变化的、发展的、动态的，因而数据分析的结果也是动态的。进一步挖掘数据背后更多面的价值，可以为管理者和决策者提供及时、全面、准确的数据支持，提高教育管理与决策的科学性，避免经验主义错误。以深度信息化的智慧教育管理平台为核心，将过去以人工为主的管理操作转移到以信息技术为基础的智慧教育管理平台上。在管理过程中，智慧教育管理平台会自动处理教育过程中所产生的各种不同数据，进而得出相关结论和信息反馈，从而提高自动化管理程度。

管理智能化的全面普及将进一步精简校园的管理流程，节约管理成本，明确对突发事件的及时反馈，以此提高管理者的管理水平。同时，教育质量监控体系的科学构建和有效运行是提高教育质量的关键，智慧教育管理平台可以实时监控校园管理运行状况，随时记录学生的学习情况等相关数据，并及时进行专业的数据分析，从而处理教学过程中的一些问题，提升教育教学管理质量。通过构建覆盖各级各类教育行政部门和学校的教育动态检测分析系统，利用物联网、射频识别（RFID）、GPS全球定位等技术，能够将各种教育设备与互联网连接起来，进行智能化识别、定位以及实时监控管理与对比分析，对教育基础设施、教育信息系统、教学活动管理、资源配置以及智能教育实践遇到的一些重点、难点问题进行科学检测、评判与分析，对智慧校园各方面的安全运行状况进行实时监控与预警，预防教育危机，有效提高教育管理质量与效率。

智慧教育管理平台和传统的人工管理体系具有较大的差异，利用智慧教育管理平台，未来校园智慧管理将在以下三方面实现提升：

（一）教学研究平台

推行智慧管理在很大程度上能够帮助管理者更有针对性地搭建精准高效的网络教育平台，并且在新兴互联网技术以及现代信息技术的支持下创建适合现代化教育管理的新模式。学校引入智慧管理可以为全体教师建立科学合理的教学研究平台，这不仅提升了教师的专业技能及其各方面的核心素养，还完善了学校对教师的考核体系，不断提高教师的专业发展水平和工作效率。教师可以通过教学研究平台上的科学教育体系，进行教育整改，开展个性化、智能化、效能化的教学活动，提高教学效率。同时，教师可以利用平台上多元化的丰富资源激发学生学习兴趣，使学生对学习活动保持积极性和主动性。此外，平台的搭建融合了教师的教育活动及学生的学习日常，为学生与教师之间的互动和联系提供空间，促进教学一体化。

（二）校务管理体系

管理模式的智能化、信息化有助于学校完善传统的校务管理体系，使得学校管理者可以借助现代化的信息技术提升管理部门的工作效率，减轻工作负担。智慧教育管理平台的应用使得校务管理体系更加高效，智能化的信息技术帮助管理者作出更加科学合理的决策。传统的人工管理机制在校园信息的共享及学校人员的互动方面不够及时、全面和深入，而智慧管理具有信息流通的优势，使得学校各部门能够实现资源的随时共享，促进学校人员之间的交流合作，极大地提升了整体的工作质量。

（三）服务办公系统

智慧管理在很大程度上能够推动学校职工便捷办公，提高服务水平。以广州市番禺区实验小学的服务办公系统——智慧教育管理平台为例，平台发布通知时可以同步发送到教师的微信，让教师在第一时间收到通知提醒，提高了信息传达的效率。此外智慧教育管理平台除了具备各部门周程申请、全校周程安排、发布周程这些功能，还支持每个师生按本周、上周、下周查询周程安排信息。智慧管理真正做到了用信息技术完善教师的日常办公模式，实现了服务办公系统的信息化和智能化，借助强大的信息技术对教师的教学生活进行服务和检测，使其更加科学合理。

四、智慧管理在实践中的应用

推动教育管理的信息化、智能化发展，需要充分利用互联网技术、信息技术推进智慧教育管理平台建设。智慧办公是基于大数据分析和云计算技术

对教育办公业务所需设备进行的智能化应用管理，是实现教育管理应用软件统一部署与交接的新型办公模式。智慧教育管理平台支持下的校园办公设备实现集中化管理，设备管理人员通过控制中心就能统一管理成百上千的虚拟桌面；通过云计算技术实现移动办公，学校职工可在任何时间、任何地点处理工作事务。智慧教育管理平台增强办公环境的安全性、易用性和可扩展性，促进资源协作和共享，全面提升管理效率，优化业务流程，降低运营成本。构建智慧校园要逐步将智慧管理融入校园管理实践当中，发挥智能化信息技术的作用，在校园管理中实现教学、办公、服务的现代化转型，推动智慧教育事业的发展。

广州市番禺区实验小学研发了智慧教育管理平台，该平台是根据教育部《教育信息化十年发展规划（2011—2020年)》和"三通两平台"建设要求，集教育公共服务、教育管理、教学管理、资源管理、智慧校园等多方面应用于一体，采用大数据、物联网等多项行业领先技术的一个平台。智慧教育管理平台为师生、家长提供了"一站式服务""智慧办公""智能教务""学生服务""教师服务""移动家校""移动办公"七大服务，具体如下：

（一）一站式服务

1. 统一登录

学校坚持"一个平台"的理念，为师生提供一站式服务。学校将日常办公系统、教务管理系统、德育量化系统、校园文化管理系统、家校互动系统等都集成于智慧教育管理平台上，立足学校现状，着眼长期规划，增强平台的开放性和拓展性，为学校未来的建设打下良好的基础。

2. 统一的电子身份系统

学校利用智慧教育管理平台建立统一的电子身份系统。无论是微信、手机号还是用户账号，都会绑定到师生唯一的账号中。每个账号都可以在各子系统中任意通行，使师生不再为重复登录账号而苦恼。

（二）智慧办公

1. 通知公告

智慧教育管理平台发布通知时可以同步发送到教师的微信，让教师在第一时间收到通知提醒，提高了信息传达的效率。此外，学校职工还可以在平台查阅报表，准确了解信息的传送进度，这为学校管理提供了非常大的便利。

2. 周程安排

智慧教育管理平台除了具备各部门周程申请、办公室审核纳入全校周程安排、发布周程这些功能，还支持师生按本周、上周、下周查询周程安排信息。

3. 请假管理

智慧教育管理平台支持无调课请假审批和调课请假审批，具体表现为支持学校流程的动态配置、支持审批权限的动态配置、支持与调课申请进行联动、支持调课的微信提醒和支持课时自动统计等。

4. 维修保障

在智慧教育管理平台，教师可以在线进行报修申请，将总务分配工单通过平台发送给企业运维人员，完成维修后及时反馈至相关部门。

5. 上级来文

通过智慧教育管理平台的动态配置，生成与学校公文管理相对应的表单和流程，实现了上级来文在校内的电子化传阅、办理、跟踪、监控。智慧教育管理平台不仅支持 PC 端公文办理，还支持微信端公文办理。

6. 信息查询

信息查询具有以下功能：①考勤信息。实时展示本班学生的考勤信息和状态，学生可通过班牌本身参与考勤。②作业信息。班级科任教师发布的各科作业都能实时在班牌端进行展示，方便学生查看。③成绩信息。学生刷卡可以获取各科成绩。④考试信息。实时展示班级考试安排信息。

（三）智能教务

1. 智能排课

智慧教育管理平台具备自动排课的功能。教师可以对课程安排、周课时等排课属性进行设置。平台支持对班级限制条件、教师限制条件、课程限制条件和课时优先条件等排课条件进行人性化设置，平台可以根据各种排课条件复杂算法以最优方式一键排课生成相应课表。此外，平台利用实时课表应用功能，形成全校教师课表、全校班级课表、全校教室课表、班级课表、教师个人课表、教室课表和学生个人课表。其中，课表支持实时更新推送，包括因调课产生的实时课表更新，师生也可以通过 PC 端、移动微信端实时查询当周课表。

2. 智能调课

学校通过智慧教育管理平台可以实现实时调课，每周实时更新课表，也可以根据不同教师的请假情况实时更新每周课表。平台支持对周内不同教师、班级、教室进行调课，也支持课程冲突预警、跨周调课和代课设置。同时，平台还可以发布调课通知，支持每周实时调课和自动生成调课日志，并通过微信向相应调课教师及班主任发送调课通知，可以自动统计每周、每月或某时间段的课时。

（四）学生服务

1. 学籍管理

根据新生报名基本资料，智慧教育管理平台可以生成本地区学生学籍资料。这些学籍资料通过 Excel 批量导入和导出，平台具有旧生学籍注册、学籍变更管理、学籍卡、学籍统计查询（包括学生花名册查询、辍学名册、学生人数统计、毕业生花名册）等功能。

2. 成绩管理

智慧教育管理平台支持根据考试安排生成相应成绩单并授权给相应任课教师导入或录入班级学生成绩；支持对成绩录入时间、提交时间进行控制。平台支持根据学期、年级、班级、学生、课程等条件，分类、统计、查询成绩；支持成绩次第分布分析、学科综合分析、总分分数段分析等。

3. 德育管理

智慧教育管理平台支持综合素质项目配置管理，支持包括八大素养——品德、身心、学习、创新、国际视野、审美、信息素养和生活综合的素质项目指标配置管理，支持学生综合素质考核登记和学生综合素质统计排名。

（五）教师服务

1. 教师档案

智慧教育管理平台提供教师档案信息、工资信息、合同信息、异动信息、荣誉信息、进修培训信息等教师发展信息管理服务。

2. 教师工资

过往的工资条都是由财务一条一条地发到教师手上。依托智慧教育管理平台，财务只需导入工资表，每位教师就可以马上查询工资情况，大大减轻了财务的工作负担。此外，基于隐私考虑，平台设置了权限限制，只有特定

用户才能查看全校教师工资情况。平台实现了工资分类导入和教师按权限查询个人每月工资，并且支持不同月份导入不同工资模板。

3. 学校信息

智慧教育管理平台从学校公告、学校简介和学校新闻三个方面入手，支持学校简介、新闻、公告、通知、荣誉、公共信息等信息展示发布。

4. 班级信息

智慧教育管理平台支持班级公告、班级简介、班级相册、班级荣誉等信息展示发布。

（六）移动家校

智慧教育管理平台支持移动家校与学校微信小程序对接，实现教学信息管理应用云在微信移动化应用，具体包括学校新闻、班级通知、学生考勤通知、班级荣誉、班级课表、学生课表、学生作业、考试信息、班级值日、班主任评语、奖励信息、处罚信息、评教评学等内容。

（七）移动办公

智慧教育管理平台支持移动办公与学校微信小程序对接，实现教学信息管理应用云在微信移动化应用，微信账号与云基础用户中心同步认证，具体包括学校新闻、通知公告、请假申请、报修申请、上级来文、电子邮件、会议管理、周程安排、教师工资、学生作业、教师课表、班级课表等内容。

作为广东省首批信息中心学校和广州市智慧校园实验学校，广州市番禺区实验小学融合云网端的智慧校园服务系统，实现学校教学、管理、教研、后勤、安全、家校互动等创新信息化应用，为师生、管理者、家长提供个性化、智慧化、效能化的智能公共服务。

第四节　打造智趣多彩的四季文化活动

多元活跃的人文氛围是激发师生智慧潜能的重要条件。广州市番禺区实验小学寓仁智教育的思想于丰富多彩的学生活动之中，围绕学生全面发展和个性发展的需求，通过开展学生喜闻乐见的活动，以智激趣、以趣启智，不仅提高了学生的实践能力和创新能力，还激发了学生在赛场上敢于竞争、勇于拼搏的精神，为学生未来的自主学习和职业发展打下坚实的基础，也为学生的全面发展提供更加有力的支持和保障。

广州市番禺区实验小学以"四季"为主线打造智趣多彩的四季文化活动：春季开展"好书陪伴成长"的书香活动，夏季开展启迪智慧的科技活动，秋季开展释放活力的运动会活动，冬季开展陶冶情操的艺术节活动。

一、"好书陪伴成长"的书香活动

学校开展绿色经典阅读活动，为了加强校园的阅读氛围，精心美化校园，从校园走廊楼道到校园的大堂，都摆放着大量优质的书籍，使校园充盈书香气息。不仅如此，学校还在每个班级里都建立了图书角，图书以学生自愿捐赠为主，每个班级的图书角至少有 80 本书。

学校还开展形式多样的阅读活动，例如经典诵读大会、讲故事大赛、读书沙龙、美文朗诵、书香墨韵展等，让学生沉浸在书香中，营造爱读书、读好书、善读书的浓厚氛围，让每个学生都爱上阅读，厚植爱国爱家的情怀，打下深厚的人文基础。学校也鼓励学生练就一手好字，正所谓"字如其人""一手好字行天下"。练字也能锻炼学生的专心和耐心，对培养学生良好的道德修养和健全人格具有深远意义。

二、启迪智慧的科技节活动

学校每年开展科技节活动，培养学生的创新精神和实践能力，营造浓郁的科学氛围，激发学生从小爱科学、学科学、用科学的兴趣。科技节主要包括小制作和小发明作品、科学实验、遥控飞机、机器人等展区。一方面，学生各展所长，充分利用身边一些不起眼的废旧品，结合奇思妙想，创作出一件件别具匠心的科技作品；另一方面，学生在科技节活动上了解了更多的科技知识，体验了更多的科技智能产品。活动使他们开阔视野，从而引导他们对科技产生兴趣，激发他们探索的欲望。

在科技节活动中，一个个展台摆满了师生的科技作品，展示了学校科技教育的历程和学生的科技实践成果。一篇篇科技小论文体现了学生对科技与生活的缜密思考；一张张科幻画像描绘出学生对科技创造未来的美好憧憬与幻想；一件件科技发明产品闪动着学生的智慧与创新；一个个科学实验让学生深切地感受到探究科学的快乐。科技节真正做到了提升学生的创新思维，使其在观摩、交流、学习中开阔视野、激发潜能、提升技能。

三、释放活力的运动会活动

运动会是学校以节日活动的形式开展的体育运动盛事，其浓厚的节日氛围充分调动了学生的主动性和积极性，促使广大学生拓展知识领域、领略节日风情，同时增强学生参与体育运动锻炼的意识，提高身体素质，为养成终身运动的良好习惯奠定基础。运动会包括多种娱乐性和趣味性较强的体育活动，不仅具备教育功能、健体功能，而且具备娱乐功能和激励功能。学生可以亲身参与各种体育活动来体验通过努力得到回报的乐趣，树立坚持不懈、顽强不息的体育精神，培养为集体成功作贡献的意识等，并在运动会过程中陶冶情操。

四、陶冶情操的艺术节活动

艺术节是学校为了营造良好的文化艺术教育氛围、激发学生对艺术的兴趣与爱好、培养学生健康的审美情趣和良好的艺术修养、促进学生综合技能的发展而举办的节日活动。艺术节由各学生社团联合举办，各社团负责其所擅长的技艺，在舞台或其他平台上展示他们的优秀作品和专业技能。

第四章　面向未来的学习生态

第一节　数字教育资源的建设与利用

一、数字教育资源概述

数字教育资源是指通过互联网、移动互联网等信息技术手段，将各类教育资源进行数字化、网络化、智能化处理，形成可供教师和学生使用的教育资源库。数字教育资源的源起可以追溯到 20 世纪 90 年代，当时我国开始推进信息技术在教育领域的应用。随着教育信息化工程的深入推进，数字教育资源的建设变得至关重要，这是为实现信息技术与教育深度融合而必须采取的重要措施。为此，教育部于 2018 年发布《教育信息化 2.0 行动计划》，明确提出要实施"数字资源服务普及行动"，完善数字教育资源公共服务体系，优化"平台＋教育"服务模式与能力，实施教育大资源共享计划。2020 年，中央电化教育馆印发《2020 年数字教育资源公共服务工作要点》文件，提出要全面提升国家数字教育资源公共服务体系服务水平和质量，强化国家数学教育资源公共服务体系建设和应用推进力度，进一步完善国家数字教育资源公共服务平台功能，"以学生为中心"探索学生学习平台建设，提高大资源服务能力，并初步形成中央电教馆大数据仓库。

在我国，数字教育资源建设以资源库为主，资源库按学科分类组织，易于管理和扩充，形式多样，能够初步满足师生的个性化需求。然而，随着信息技术的飞速发展，数字教育资源形式和服务也在不断升级，出现了大规模在线开放课程、微课、教学微视频资源库等多种新型的数字教育资源，提供灵活、多样、个性化的内容和服务，改善了用户体验。数字教育资源建设进入了一个新的阶段，即以丰富、多样的资源形式与个性化的服务和体验相结合为主要目标。

值得肯定的是，目前我国数字教育资源建设正大踏步向前迈进，资源从无到有，从低质到优质，从单向输出到双向交互，取得了显著成果。然而数字教育资源建设中还存在一些局限，例如资源的利用率偏低，建设模式、服务形式和评价方式仍不能很好地满足教育信息化发展的新需求等。

为了克服这些局限，我们需要进一步深化数字教育资源建设，提高资源利用效率和质量，推动数字教育资源的创新和应用。具体而言，可以从以下四个方面着手：第一是推进数字教育资源建设的全流程数字化和智能化，提高资源的质量和利用效率，以满足教育信息化发展的新需求；第二是加强数字教育资源服务平台的建设，完善数字教育资源共享机制，提高资源的开放性和共享性；第三是推进数字教育资源的智能化和个性化，以满足学生个性化学习的需求，提高学习效果和学习体验；第四是强化数字教育资源的评价和反馈机制建设，为教学改进和资源优化提供数据支持。

总之，数字教育资源的建设是教育信息化发展的重要组成部分，也是推动我国教育现代化的重要手段。在数字教育资源建设的过程中，我们应该坚持以用户需求为导向，发挥数字技术的优势，实现数字教育资源的开放与共享，推动数字教育资源高质量发展，为教育教学提供更加有效的支持。

二、数字教育资源的建设状况

数字教育资源公共服务体系是现代教育教学和服务的必备条件，也是推进教育现代化的必然要求。它是解决教育发展不平衡和不充分问题的现实选择，也是教育基本公共服务的重要组成部分。随着各级教育资源公共服务平台的广泛建设和应用，数字教育资源公共服务模式发生了根本性变革。数字教育资源的传播已经从以上传下载资源为主的单一模式，转变为以网络学习空间为主要载体的整合、交流和共享模式。

然而，在体系建成之前，各省级、市级和区县级教育资源公共服务平台相互独立，无序且重复建设现象明显，互联互通还不够深入。这导致一个用户要在多个平台注册多个账号，资源在不同平台上相互独立，造成了空间存储资源的浪费，使得数字教育资源难以有效共享。

为了打破"信息孤岛"、实现各平台的深度互联互通，数字教育资源公共服务体系应运而生。国家数字教育资源公共服务体系由各级教育资源公共服务平台按照统一标准组合而成。它形成了"一个基础环境支撑各级平台和应用，各级平台基于空间分发各类应用，各类应用封装和分享各类素材平台，资源和用户数据畅通交换和共享"的体系架构。体系建成后，各级教育资源公共服务平台开始实现从相互独立到协同服务的跨越。

数字教育资源公共服务体系的建设具有重要意义。首先，它可以促进数字教育资源的共享与交流，实现优质教育资源的互通有无，推动全社会教育信息化水平的提升。其次，它可以提高数字教育资源的利用率，减少资源浪费和重复建设，降低数字教育资源开发和获取成本。再次，它可以促进教育公平和优质教育资源的普及，为广大师生提供更加丰富、多样化的学习资源和学习方式。最后，它可以促进数字经济的发展，推动数字技术与教育的深度融合，为经济社会发展注入新动力。

（一）数字教育资源公共服务体系建设现状

当前，我国数字教育资源公共服务体系建设已经取得了一定的进展。在政策层面，国家先后出台了《中国教育现代化 2035》《新一代人工智能发展规划》《教育信息化 2.0 行动计划》《教育部等六部门关于推进教育新型基础设施建设　构建高质量教育支撑体系的指导意见》《教育部关于数字教育资源公共服务体系建设与应用的指导意见》等一系列文件，明确提出教育新型基础设施建设是国家新基建的重要组成部分，是信息化时代教育变革的牵引力量，是加快推进教育现代化、建设教育强国的战略举措，提出了加强数字教育资源公共服务体系建设与应用的意见。

在技术层面，我国数字教育资源公共服务体系建设也在不断完善。一方面，国家已经建立了一批数字教育资源库，拥有世界第一大教育教学资源库。目前，国家中小学智慧教育平台现有资源 4.4 万条，国家职业教育智慧教育平台接入国家级、省级专业教学资源库 1 173 个，国家高等教育智慧教育平台汇集优质慕课、虚拟仿真实验 2.7 万门，为广大师生提供了丰富的数字教育资源。另一方面，各地也在积极推进数字教育资源的建设和共享。例如，北京市已经建立了"数字北京"平台，为全市师生提供数字化学习环境和丰富的数字教育资源。此外，一些互联网企业也在积极参与数字教育资源的建设和推广,如阿里巴巴集团的"钉钉课堂"、腾讯公司的"腾讯课堂"等。

然而,中国数字教育资源公共服务的发展远未达到教育信息化所需。首先,国家级资源服务平台互联互通尚不深入,跨区域资源共享机制尚未形成,平台无序和重复建设现象仍较为明显。其次,资源目录繁杂,缺乏完善的资源标准规范,增加了用户检索、交换、共享资源的难度,用户体验不佳。同时,资源提供者需接入多方平台,增加了开发维护成本,降低了服务效率。再次,资源、空间与平台的关系没有厘清,责任主体不够明确,新机制尚未形成,资源供给信息不够透明,市场竞争提供资源的潜力没有完全释放。最后,网络学习空间应用水平亟待提高,教育资源公共服务模式有待创新。

为了解决上述问题,经过多方调研和论证,教育部提出建设具有中国特色的国家数字教育资源公共服务体系。

(二)国家数字教育资源公共服务体系建设

教育部在 2017 年发布的《关于数字教育资源公共服务体系建设与应用的指导意见》中提出建成覆盖全国、互联互通、用户统一、共治共享、协同服务的具有中国特色的数字教育资源公共服务体系。国家数字教育资源公共服务体系是政府提供数字教育资源基本公共服务的载体,基本实现"全国一体系、资源体系通、一人一空间、应用促教学"。该体系由国家、省、自治区、直辖市和有条件的城市的数字教育资源公共服务平台、空间、资源,通过"标准统一、接口规范、安全高效"的枢纽环境联结而成,实现共治共享、协同服务。各级平台作为服务主体,遵循"标准规范统一、用户实名唯一"的原则,形成多级协同、平台就近服务的新格局。

国家数字教育资源公共服务体系是促进数字教育资源共享的重要途径,旨在通过整合各级数字教育资源,提高资源利用效率,实现数字教育资源的优质共享与协同应用。该体系通过建立数字教育资源公共服务平台,提供全方位的数字教育资源服务,包括教学课件、教学视频、在线测试、在线作业等,为广大教师和学生提供便捷、高效的数字化教学环境。

国家数字教育资源公共服务体系依托网络学习空间,为广大师生提供开放式在线学习环境,支持基于信息技术的新型教育教学模式。该体系通过建立数字教育资源公共服务平台,实现教育资源的信息化管理和服务,提高数字教育资源利用效率,促进数字教育资源共享和协同应用。同时,该体系通过遵循标准规范统一和用户实名唯一的原则,保障数字教育资源的安全性和可靠性。

国家数字教育资源公共服务体系是一个多层次、多元化的数字教育资源共享平台，各级平台之间通过"标准统一、接口规范、安全高效"的枢纽环境联结起来，形成了多级协同、平台就近服务的新格局。该体系具有开放性、互动性和创新性等特点，为数字化教育发展提供了有力支撑。

从架构看，国家数字教育资源公共服务体系采用统一的标准规范和数据接口，将空间层、应用层和素材层通过枢纽环境联结（如图 4-1 所示）。枢纽环境形成了统一的信息和资源共享机制，实现各级平台、各类资源和各平台用户数据在体系中的交换和共享。各级平台、素材及应用类资源通过开放接口和统一规范连接到体系的枢纽环境。国家数字教育资源公共服务体系枢纽环境主要包括实名制用户认证与校验中心、资源信息交换中心和监测与评价中心。这三个中心以全国统一、映射教育管理关系的用户信息库，遵循教育资源元数据标准的资源信息库和伴随式采集形成的监测与分析数据库为基础，实现了体系的基础数据统一管理。

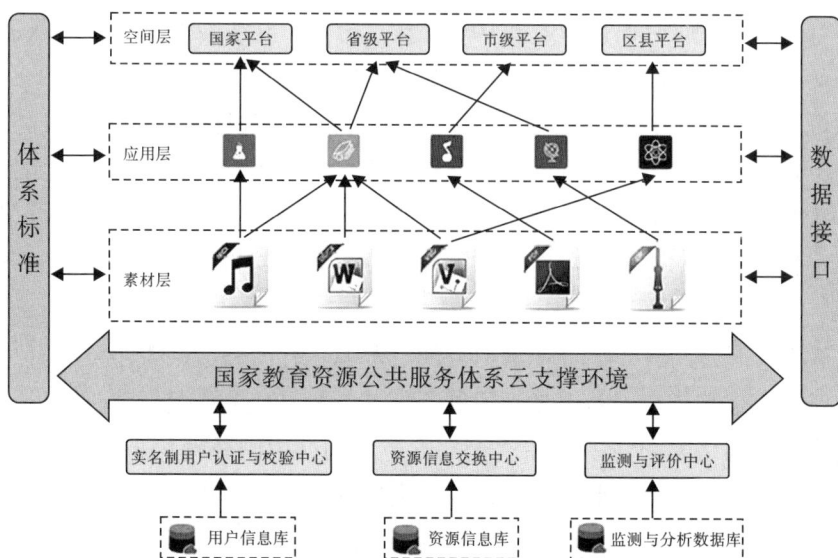

图 4-1 国家数字教育资源公共服务体系架构

体系建成以来，成果显著。截至 2022 年 1 月，国家数字教育资源公共服务体系接入各级平台 234 个，体系空间月活用户 3 751 万人；国家教育资源公共服务平台（即现国家智慧教育公共服务平台）新开通教师空间 2 万个、学生空间 7 万个，新汇聚 1 家应用服务商的 1 个应用，可免费提供覆盖中小学阶段 85 个学科的资源 5 000 余万条；社会优质教育资源加速汇聚，累计上架 176 个教育服务应用；慕课在线教学成为新常态，累计上线慕课数量超过 4.75 万门，注册用户达 3.64 亿，选课人次达 7.55 亿，数量和应用规模均居世界第一。

总之，国家数字教育资源公共服务体系提供了一个枢纽环境，可以将国家和地方的资源轻松推送到体系各级平台的用户网络学习空间，实现一点接入、全网共享。该体系目前拥有多个专业机构、300 多家企业、数百万名教师的超千万级数字教育资源，涵盖了管理、教学、培训等多个应用场景，为学校和学生提供多样化的选择，促进教育信息化的融合与创新，助力教育公平惠及更大群体。

三、教育资源公共服务平台

基于云计算的教育资源公共服务平台是一个集资源整合、数据共享、应用整合于一体，同时面向教育机构、学校、教师、学生及家长开放的具有服务推送功能的综合性应用平台。教育资源公共服务平台通常分为两类：一类是由政府主导建设的公共服务平台，例如国家数字教育资源公共服务体系；另一类是由企业或非营利组织建设的教育资源共享平台，例如智慧校园云平台。这些平台旨在整合和共享各级教育部门、学校、教师和企业等不同来源的数字教育资源，提供全方位的数字化教育服务和支持，促进教育信息化的发展。

教育资源公共服务平台一般由空间、资源、社区和活动等组成，其中网络学习空间是其核心，是由教育主管部门或学校认定，支持共享、交互、创新的实名制网络学习场所。在"十二五"期间，中国教育信息化快速发展，各级教育资源公共服务平台的建设取得突破性进展，走出了一条具有中国特色的以信息技术支撑引领教育现代化发展的教育信息化路子。经过国家教育资源公共服务平台与其他平台互联互通模式的探索与实践，23 个省级平台和 35 个有条件的市县平台与国家平台实现了初步用户互认。全国 6 300 万名师生通过网络学习空间探索新型教育信息化教与学模式。教育资源公共服务平台服务水平日渐提高，资源服务体系已具雏形，它将进一步优化配置公益资源，形成优质数字教育资源共建共享的应用环境，促进信息技术与教育教学

的全面深度融合，促进教育公平，提高教育质量，实现教育信息化可持续发展。

（一）国家智慧教育公共服务平台

1. 简介

国家智慧教育公共服务平台（https：//www. smartedu. cn）是由教育部指导、教育部教育技术与资源发展中心（中央电化教育馆）主办的智慧教育平台。平台于 2022 年 3 月 28 日正式上线，聚合了国家中小学智慧教育平台（由原来国家中小学网络云平台升级而来）、国家职业教育智慧教育平台、国家高等教育智慧教育平台、国家 24365 大学生就业服务平台等，可提供丰富的课程资源和教育服务。截至 2023 年 5 月，国家智慧教育公共服务平台上线一年多来，访客量超 11 亿人次，现已成为世界第一大教育数字化资源中心和服务平台。

2. 主要创新点

作为智慧教育平台，国家智慧教育公共服务平台采用了先进的智联网引擎技术，在以下三个方面实现了技术创新与突破：

一是服务智能化。平台依托大数据、云计算、人工智能等技术，通过快捷搜索、智能推荐等方式，为学生提供多种符合个性化学习要求的智慧服务，优化了使用体验。

二是数据精准化。平台对课程信息及学习数据进行实时采集、计算、分析，为教师教学与学生学习提供定制化、精准化分析服务。

三是管理一体化。将所有在线课程平台的学分课程纳入管理范围，可集中反映我国在线课程发展全貌，具备门户的汇聚集中能力、开关控制能力，实现"平台管平台"。

3. 子平台及板块

（1）国家中小学智慧教育平台。

教育部在总结国家中小学网络云平台运行服务经验的基础上，研究制订了《国家中小学智慧教育平台建设与应用方案》，将原平台改版升级为国家中小学智慧教育平台。平台于 2022 年 3 月 1 日上线试运行，目前有德育、课程教学、体育、美育、劳动教育、课后服务、教师研修、家庭教育、教改经验和教材 10 个板块，现有资源总量达到 2.8 万余条。其中，课程教学板块上线了 19 个版本、452 册教材的 19 508 个课时资源。

（2）国家职业教育智慧教育平台。

国家职业教育智慧教育平台主要由四个部分组成。第一部分是专业与课程服务中心，为学生提供优质、便捷的职业教育数字资源，提高学生使用这些资源的效率。第二部分是教材资源中心，服务于职业教育教材的开发、选择、监督和评价。第三部分是虚拟仿真实训中心，满足职业教育实践教学、技能考核和竞赛考试的需要。第四部分是教师能力提升中心，有助于优化教师的培训内容和服务。这四个部分通过其一站式搜索模块和监测分析模块，不仅满足了教师和学生的数字资源需求，也服务于职业院校的专业发展和满足国家高等教育智慧教育平台改革需求。

（3）国家高等教育智慧教育平台。

国家高等教育智慧教育平台是由教育部委托、高等教育出版社有限公司建设和运行维护、北京理工大学提供技术支持的全国性、综合性在线开放课程平台。平台首批上线的 2 万门课程是从 52 000 多门优质课程中优中选优出来的，覆盖 13 个学科门类、92 个专业类，包含了林毅夫、张文宏、樊锦诗等众多名师大家、院士学者的优质课程。

（4）国家大学生就业服务平台。

国家大学生就业服务平台是由中华人民共和国教育部主管、教育部学生服务与素质发展中心（原全国高等学校学生信息咨询与就业指导中心）运营的服务于高校毕业生及用人单位的公共就业服务平台，于 2022 年 3 月上线。平台上线了"互联网＋就业指导"直播课 91 期，还上线了"宏志助航"系列就业指导培训课程资源 118 个，提供 44 项职业测评、125 个职业百科和 578 个职业案例。

（二）粤教翔云数字教材应用平台

1. 简介

粤教翔云数字教材应用平台（https：//www.gdtextbook.com）以"提高教与学效率""易学易用"为设计理念，围绕"为日常教学场景提供适配服务""确保内容安全、服务稳定"的建设目标，以不同的客户端提供课前—课中、课后、课外不同场景的服务。2022 年 4 月，粤教翔云数字教材应用平台 V3.0 版本正式上线，提供以数字教材为核心的智慧学习整体解决方案，扎根基础教育，为教师和学生提供一站式的教学服务。

2. 体系架构

平台主要由三部分组成：

一是"培训课堂"，包括示范课例、翻转课堂模式、问题解决模式、主题探究模式、学科应用手册五种类型。

二是"新课堂"，涵盖了人教版、粤教版、北师大版、科教版、岭美版五类。学科包括信息技术、语文、数学、英语、物理、化学、历史、地理、生物、道德与法治、音乐、美术、科学、书法。年级涵盖小学一年级至高三。

三是"应用研究"，包括翻转课堂教学模式应用、问题解决教学模式应用、主题探究教学模式应用三个创新型教学应用模块。

3. 应用成果

作为"广东省国家课程数字教材规模化应用全覆盖工程"的支撑平台，平台为广东省义务教育阶段 1 200 余万师生提供全学段、全学科、多版本的国家课程数字教材及应用服务，为教育数字出版行业发展提供了典型案例，实施过程中形成的数字出版全流程解决方案复用性强，其产品、技术和服务模式具备很高的行业示范和市场推广价值。

（三）广州智慧教育公共服务平台

广州智慧教育公共服务平台是专为广州地区学生打造的线上学习平台，涵盖了丰富的教学课程资源，实现"停课不停学"，满足不同学生的学习需求。

平台利用大数据分析、人工智能和云计算等先进技术，打造集教学、科研和管理于一体的智慧教育生态系统。

平台具有多种功能，如数字图书馆、在线学习资源、智能校园管理，还可作为教师、学生和家长的沟通工具。通过平台，学生可以获得广泛的教育资源和工具，包括在线课程、家庭作业和教育游戏。教师可以在平台上管理他们的课程，与学生和家长沟通，并获取教学资源和培训材料。

平台还提供一系列行政工具和服务，以帮助学校更有效地管理其业务。例如，平台可以帮助学校管理学生的注册、考勤和评分，并提供数据分析和报告工具，帮助学校对其运营作出明智的决定。

四、公共数字教育资源的校本化应用

公共数字教育资源校本化应用是指学校内部公开数字教育资源的利用和整合。随着教育数字化发展，广泛的在线资源为教师提供了多元的教学方法，为学生提供了丰富的学习体验的机会。资源涵盖广泛的材料，包括数字教科书、电子书、在线文章、多媒体内容、教育软件、基于网络的应用程序和虚拟模拟。在学校范围内，这些资源的应用可以产生多种好处。

其一，公共数字教育资源的校本化应用是科技与教育融合的当代体现。这些资源来自政府机构或教育组织等公共机构，旨在补充学生在各个学科中的学习经验。在学校环境中利用这些数字资源可以将技术无缝集成到教育实践中，从而创设更具动态性和互动性的学习环境。通过将这些资源纳入课程计划和课程开发中，教师可以提高学生的概念理解能力、批判性思维能力和整体学习能力。此外，公共数字教育资源的可访问性和可用性能够满足不同师生的个性化教学方式和个性化教学需求。

其二，公共数字教育资源的校本化应用是深化教育系统内部教学实践的新模式。这种模式源于数字化技术对知识传播和获取方法的彻底改变。通过利用公共数字教育资源，学校可以获取大量高质量内容，例如所有师生都可以免费访问各级开放教育资源。

（一）广州市番禺区实验小学智慧教育管理平台

广州市番禺区实验小学智慧教育管理平台是根据教育部《教育信息化十年发展规划（2011—2020 年)》和"三通两平台"建设要求自主研发而成的。平台采用大数据、物联网等多项行业领先技术，集教育公共服务、教育管理、教学管理、资源管理、智慧校园等多方面应用于一体，分别面向教育主管部门、学校、教师、学生和家长进行定制化功能设计，旨在为学校提供一个全面、优质、实用、易用的融合解决方案。

平台完成了与各级平台的同时对接，具备统一认证、互联互通及数据共享等功能。家长和访客可以便捷地获取信息，使家校沟通更加顺畅，提升学校管理的科学性。平台还有助于加强部门与部门、科组与科组、教师与教师之间的沟通与联系，进一步规范了办公流程，强化了管理制度，提升了学校的管理水平。

（二）"国家数字教材 + 个性化学习平台"融合创新策略

为实现教育领域的创新和进步，学校提出了"国家数字教材 + 个性化学习平台"融合创新策略，以学生为中心，以资源为核心，以学习任务为目标，以协作为形式，形成课前拓展学习资源、课中立体化互动、课后个性辅导三阶段，构建了一种全新的模式。

1. 课前

在探究式智慧课堂教学模式中，数据实时呈现预习材料，拓展学习资源。数字教材资源的推送为学生提供了新型学习途径，有利于激发学生学习兴趣。

教师以数据的形式掌握学生的预习情况和答题情况，并通过平台进行实时监控，对预习数据进行分析，初步了解学生在预习过程中遇到的问题以及容易出错的知识点，做好教学记录。

2. 课中

教师通过数字教材多角度、可视化呈现教学内容，创设教学情境，让学生沉浸在教学情境中，降低学习认知难度。

学生在智慧教室中使用移动设备讨论问题、绘制思维导图、交流互动。

3. 课后

课后，通过个性化学习平台，教师针对学生个体差异推送个性化的数字教材复习资源，发布有针对性的课后习题。

第二节　构建仁智网络学习空间资源

一、仁智网络学习空间

从系统论的角度来看，数字教育资源建设可以被视为一个系统，该系统包括教育利益相关者、教学资源、试题、课例、微课、课件、基础设施、教具等要素。

数字教育资源建设的目的是通过建立系统内各要素之间的协同合作关系，利用各种技术和方法，充分发挥系统内各要素的整体功能，开发满足教育利益相关者需要的数字化教育资源。教育利益相关者是数字教育资源的需求方，主要包括教师、学生、科研工作者和家长等个体以及学校、地方教育部门等。

这些教育利益相关者需要高水平的优质教育资源,可以通过免费或付费的方式共享教育资源,积极利用和消费资源。

数字教育资源的类型丰富多样,包括教学资源、试题、课例、微课、课件、基础设施、教具等。为了支持数字教育的有效开展,广州市番禺区实验小学作为教育部人文社科项目"网络空间提升学习自我效能感的研究"实验学校,以"一体化、数据化、个性化、可视化"和"人人皆学、处处能学、时时可学"为目标,汇聚生成性优质教育资源、校本特色资源、校本课程资源、微课资源、教学课例等,建立校本资源共建共享激励机制与制度,鼓励教师、学生、技术人员共建特色、个性化资源,打造仁智网络学习空间,连接教育 App,实现硬件、工具和资源整合,以支持师生开展数字学习环境下的学科教学创新应用。

依托数字教育资源系统,通过教师录制优秀课例、教师自主研发、学校购买和整合已有资源等方式获取生成性优质教育资源、名师教学资源、试题与练习库、探究性主题资源等优质教学资源,实现聚合管理,继而形成校本特色资源、校本课程资源、微课资源、教学课例等。

此外,学校联合清华同方知好乐有限公司、校园网及学校公众号服务公司做好仁智网络学习空间搭建,加强技术与人力支持,通过线上形式,提供网络课程、微课学习、在线辅导等多种服务,充分拓宽学习渠道,有效指导学生在家进行自我生活和学习管理,做到线上和线下学习相结合。作为广州市番禺区电子书包实验学校,学校可以实现学习资源在线获取,师生、生生在线互动讨论;学生可以在线完成与提交作业,进行测试并获得反馈,还可以获得教师的答题辅导,并且查看数据统计。全方位的功能极大地便利了教师教学的组织开展,使得教师可以随时随地发布资源与作业,并且为学生提供及时的答疑、反馈,通过统计数据密切追踪学生情况。

二、校本数字教育资源建设

利用资源开展教学应用是当前区域教育资源生态化发展的迫切需求。因此,在资源建设方面,应以应用为导向,鼓励教师积极参与校本课程、微课、教学软件等资源的开发。这样不仅可以提高教师的教学水平和创新能力,还可以促进数字教育资源的更新和优化,不断推动教育信息化技术的发展。

（一）STEM 课程资源

广州市番禺区实验小学在全校范围内进行了名为"新时代广东省科创和 STEM 教育"的教改实验，旨在通过使用《科创和 STEM 教育实验教材》来加强 STEM 课程建设。

根据 STEM 课程资源的使用对象，课程资源内容被确定为教材、教师手册、数字资料包和活动材料包四部分。学校所有教材循环使用，即一届学生用完教材之后，由学校统一收回，留给下一届的学生使用。学校还开发了科学与数学校本教材，包含 STEM 课程的补充资源。这一系列措施旨在确保本次教改实验有足够的教材，为学生成长提供更好的教育资源，培养更多有深厚爱国情怀、有良好创新素质的未来国家科技人才。

目前教改实验拟定的 1~6 年级教材实施情况如表 4-1 至表 4-6 所示。

表 4-1　小学一年级《科创和 STEM 教育实验教材》实施情况

单元	活动	课时	授课教师
奇妙七巧板	初识七巧板	1	综合实践活动教师（主） 美术教师（辅）
	七巧动物园	1	
	七巧奥运会	1	
	七巧交通行	1	
	七巧航天梦	1	
神奇的水	有力气的水	1	科学教师（主） 综合实践活动教师（辅）
	多层液体塔	1	
	超级泡泡水	1	
	会登高的水	1	
	会"变魔术"的水	1	
美丽家园	多姿多彩的花	1	综合实践活动教师（主） 美术教师（辅）
	多种多样的树	1	
	忠诚可爱的狗	1	
	宽敞明亮的房子	1	
	舒适幸福的家	1	

表 4 - 2　小学二年级《科创和 STEM 教育实验教材》实施情况

单元	活动	课时	授课教师
缤纷纸世界	宣纸	1	科学教师（主） 美术教师（辅）
	复写纸	1	
	铜版纸	1	
	蜡纸	1	
	硫酸纸	1	
蓝天逐梦	让纸飞起来	1	综合实践活动教师（主） 科学教师（辅）
	平平稳稳飞上天	1	
	我的方向我做主	1	
	百变纸飞机	1	
	空军传奇	1	
科技小玩"艺"	土豆船	1	科学教师（主） 综合实践活动教师（辅）
	不倒翁	1	
	可乐喷泉	1	
	水果电池	1	
	龙卷风模拟器	1	

表 4 - 3　小学三年级《科创和 STEM 教育实验教材》实施情况

单元	活动	课时	授课教师
小小航海家	扬帆起航	1	综合实践活动教师（主） 科学教师（辅）
	小船"汽"哄哄	1	
	小船"破"风浪	1	
	环保电力船	1	
	小船大比拼	1	
多趣的植物	植物标本画	1	科学教师（主） 美术教师（辅）
	植物指示剂	1	
	植物染料	1	
	树上的"家"	1	
	植物日记	1	

（续上表）

单元	活动	课时	授课教师
我们爱旅行	我们去哪里	1	综合实践活动教师（主）
	选择线路图	1	
	旅行攻略	1	
	整装待发	1	
	制作旅游纪念品	1	

表4-4　小学四年级《科创和 STEM 教育实验教材》实施情况

单元	活动	课时	授课教师
服装的秘密	识布寻源	1	美术教师（主） 综合实践活动教师（辅）
	织布学艺	1	
	染布炫艺	1	
	千补万花	1	
	我型我秀	1	
魔术中的科学	疯狂的大象牙膏	1	科学教师（主）
	魔幻的法老之蛇	1	
	听指挥的金鱼	1	
	弯曲的水流	1	
	我是小小魔术师	1	
绿色环保我能行	环保小夜灯	1	综合实践活动教师（主）
	太阳能小汽车	1	
	水面垃圾收集器	1	
	绿色环保齐行动	1	

表 4 – 5 小学五年级《科创和 STEM 教育实验教材》实施情况

单元	活动	课时	授课教师
走进 Arduino	闪亮"灯"场	1	信息技术教师（主） 科学教师（辅）
	一"键"倾心	1	
	小小演奏家	1	
	光明使者	1	
	无形的眼睛	1	
机器人总动员	奇妙机器人世界	1	信息技术教师（主）
	制作机器人模型	1	
	拼装机器人	1	
	智能小车动起来	1	
	设计多功能机器人	1	
岭南文化之旅	探寻岭南之美	1	美术教师（主） 综合实践活动教师（辅）
	研学旅行巧策划	1	
	岭南工艺创意秀	1	
	古建筑保护齐行动	1	

表 4 – 6 小学六年级《科创和 STEM 教育实验教材》实施情况

单元	活动	课时	授课教师
玩转 Arduino	萌犬行动	1	信息技术教师（主）
	追逐光明	1	
	游戏转盘	1	
	自动雨刮	1	
	盆栽伴侣	1	
科幻创想	编·梦想	1	综合实践活动教师（主） 科学教师（辅）
	绘·未来	1	
	创·剧本	1	
	布·场景	1	
	秀·科幻	1	

（续上表）

单元	活动	课时	授课教师
未来世界	未来汽车	1	信息技术教师（主）综合实践活动教师（辅）
	未来家园	1	
	4D 打印制造未来	1	
	未来医生	1	
	萌犬行动	1	

（二）礼仪教育资源

"十四五"规划纲要首次提出"建设高质量教育体系"的战略目标，其中有"增强学生文明素养、社会责任意识、实践本领，培养德智体美劳全面发展的社会主义建设者和接班人"的要求。广州市番禺区实验小学根据加强中华优秀传统文化教育的需要，设计开发了基于仁智德育模式的礼仪教育校本教材。该教材能够引导学生养成诚实守信、孝敬感恩、团结友善、文明礼貌的行为习惯，同时增强学生对优秀传统文化的认知和自豪感。为了体现仁智教育特色，学校组织专业教师队伍，将已有的德育资源《弟子规》《三字经》等进行数字化开发，开发出校本课程教材《仁智好少年之生活礼仪》《现代与经典》等（如图4-2所示）。这些资源立足于仁智文化德育元素，是学校开展文化德育活动、形成仁智德育品牌的重要路径。通过这些努力，学校致力于培育具有仁爱之心和大智慧的仁智好少年，实现德育教育的培养目标。

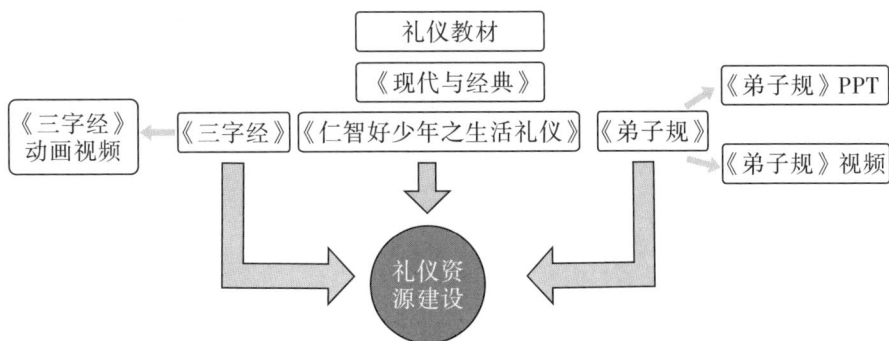

图4-2　广州市番禺区实验小学礼仪资源建设架构

为了培养学生良好的礼仪习惯和文明举止,学校开发了校本课程,注重学生日常生活中的仪表端美和语言文明。学校强调对学生身心的尊重和灵性的追求,最终实现风雅德育,让学生达到"神形兼美"的境界。学校以智慧校园为依托,推进智慧校园文化数字化,创新德育文化表现形式,特别是礼仪教育。学校还开发了仁智校本特色课程,组织系列德育活动,包括经典诵读、体育和认知活动,创新德育内容。这些举措将帮助学生发展良好的品德和道德素养,成为更优秀的人才。

1.《弟子规》与《三字经》

《弟子规》是一部讲述社会行为规范的经典著作,旨在教育学生应有的规矩,让他们学会如何与他人相处,做到孝顺父母、兄友弟恭。其目的在于帮助学生培养良好的行为习惯,塑造诚敬的态度,形成仁爱的人格。为了更好地传承和普及《弟子规》的教育理念,教师对其内容进行数字化开发,制作出一系列生动形象的 PPT 和微课视频,包括 11 个 PPT 和 32 个《弟子规》故事学习视频,其中 PPT 包括总叙和句子讲解两项内容。通过这些教育资源,学生可以更加深入地理解和掌握《弟子规》的精髓,从而在日常生活中更好地践行礼仪和行为规范,实现礼德待人的目标。

另外,学校还于 2017 年 8 月新修订了"仁智好少年"《三字经》。教师随后对《三字经》内容进行数字化开发,制作了 54 个《三字经》动画故事微课视频。这些教育资源不仅能够帮助学生更好地理解《三字经》的内涵,还可以激发他们对中华传统文化的热爱和探究欲望。通过使用这些教育资源,学生将会成为具有仁智品质的好少年,为实现中华民族伟大复兴的中国梦作出自己的贡献。

2.《仁智好少年之生活礼仪》

《仁智好少年之生活礼仪》是广州市番禺区实验小学开发的仁智德育校本教材。学校依托道德与法治课,基于仁智德育教育模式开展礼德教育。为提升学生文明素养,学校各年级班主任以故事或宣讲形式制作文明礼仪教育微课,覆盖 1~6 年级(如表 4-7 所示)。

表4-7 文明礼仪教育微课

年级	微课内容	年级	微课内容
一年级	尊敬老师（进办公室礼仪）	四年级	请求帮助的礼仪
	尊敬老师（问候礼仪）		开玩笑，莫过分
	上课礼仪		守时，为你赢得荣誉
	交作业的礼仪		谦虚礼让受人欢迎
	坐有坐相		做个诚实的孩子
二年级	走楼梯讲礼貌	五年级	友谊第一，比赛第二
	清洁值日的礼仪		接打电话时的礼仪
	集队出操的礼仪		女孩的美丽礼仪
	个人仪容（勤洗澡、勤理发、勤剪指甲）		男孩的帅气之道
	走廊上的礼仪		
三年级	公共厕所的礼仪	六年级	上网的礼仪
	静悄悄，别打扰（图书馆）		赞美的魔力
	爱护公物		用微笑传递
	集体活动中的礼仪		学会倾听
	合作礼仪		

  教师是学校开展礼德教育的引领者与指导者，学礼行礼是教师的必修课之一。为此，学校建立并不断完善教师礼仪提升课程（如表4-8所示）。首先，教师除了要与学生共同学习"《弟子规》礼仪""礼仪知识讲堂""礼仪智慧讲堂"等课程外，还需学习教师礼德课程"教师优雅形象管理""礼行育人之路——中小学教师礼仪培训""礼赢沟通——如何实现教师与家长的有效沟通"，以提升育人技能，更好地完成育人工作。学校还开展每月师德礼仪培训，让教师学习礼仪、修身养性等方面的知识，不断提高自身素养。其次，学校推行仁智教师评比制度，通过评比活动，激励教师互相学习、相互促进，不断提高礼仪教学水平。最后，学校组织"幸福教师"工会活动，为教师提供各种福利和服务，让他们在工作之余能够得到放松和享受，从而更好地投入教学工作中。通过以上三种活动方式，学校不断聚焦立德树人、培育厚德之师，为学校的发展和学生的成长奠定了坚实的基础。

表4-8　教师礼仪提升课程

开展月份	课程名称
三月	教师穿着礼仪
四月	教师课堂礼仪
五月	如何与家长沟通
六月	教师的语言艺术
九月	新时代教师十准则
十月	新时代教师的使命
十一月	如何说学生才爱听

此外，家长是学校实践礼德育人的中坚力量，他们是学校礼德教育的传播者与践行者。学校开发了家长礼德课程，共分两个板块：一个是家长礼仪知识课程，有"优雅生活礼仪讲堂""智慧育儿礼仪讲堂"；另一个是家长礼仪导师课程，由本校高级礼仪培训师陈老师作为家长礼仪导师教授，课程有"《弟子规》礼仪""礼仪知识讲堂""礼仪智慧讲堂""优雅仪态"等。学校也鼓励学生和家长倡导礼仪，共同制作礼仪视频、微课、手抄报等，通过家校合作进一步丰富礼仪课程，在日常学习生活中以行动践行文明礼仪，加强礼仪学习。

第三节　基于核心素养的仁智课程

一、构建仁智课程体系

广州市番禺区实验小学秉承"以仁爱为本，以智慧为美"的办学理念，致力于将国家课程、地方课程和校本课程进行深度融合的探索与实践，构建仁智课程体系，实现课程选择多样化、课程资源丰富化、课程管理科学化、课程评价多元化，充分开发和挖掘各学科课程的育人价值，聚焦学生的心灵成长和人格健全，达成培养全面发展的仁智好少年的育人目标。

仁智课程体系以友爱至善、慧心智能、唯美大气三大综合素养为支撑，主要包括道法与人智、语言与人文、数科与创新、体育与潜能、艺术与审美、劳动与技能六大领域课程，切实加强了各领域之间的联系与融合，达到提升

学生综合素养的效果。在此基础上，细分为基础课程、拓展课程和探究课程三大类。

拓展课程中必修与选修特色活动是考虑到学生的兴趣爱好、学习特点与发展需求所设置的个性化学习课程，包括"仁智大讲堂""戏剧国画课程"和"劳技家政社团"等，可以提升学生的艺术素养、体育素养、科学和人文素养等，创造更丰富的个性化学习课程，更好地促进学生的个性化发展，满足学生的课后学习需求。

"研学大湾区""小课题探究：出使自然王国""挑战不可能"和"神奇的小区"等探究课程结合学校实际，制订了明确的发展规划和实施方案，做好对个性化学习课程体系的支撑引领与设计；教师循序渐进地开展课程，协同助力学生的个性化发展。

二、打造精彩纷呈的特色项目

1. 红色文化特色课程

传承红色精神，必须将其与地域文化和历史紧密结合。学校非常注重挖掘本地的红色资源，让红色文化深入学生的血脉。学校深度挖掘红色文化资源，开展了丰富多样的红色文化特色课程。学校将爱国主义教育贯穿于教育教学全过程，利用红色文化资源，发挥思政课主阵地作用，让思政课活起来、实起来，唱响爱国主义主旋律。

2. 劳动特色课程

从 2022 年秋季开学起，劳动课正式成为中小学的一门独立课程。在有机制、有课程、有评价、有基地、有保障的中小学"五有"劳动教育体系引领下，学校紧密结合市情、校情、学情，以课程建设、师资培养、特色项目、基地培育、协同育人五大项目为抓手，探索与实践具有番禺特色的劳动教育模式，逐步形成了以学校为主导、以家庭为基础、社会齐参与的劳动教育工作新局面，开发实施了"节日劳动课程""桂花课程""仁智百草园课程""牛仔布贴画""科技劳动课程"等，劳动教育特色课程建设成果显著。

3. 经典诵读特色课程

经典诵读文化课程以"文化传承，立己达人"为指导思想，以"学生文化素养和人格成长并重"的目标为指引，以"诵经典、品书香、塑人格"为主题，在不增加学生课程负担的前提下，以学生喜闻乐见的方式让其熟读、记诵大量的经典作品内容，以此为语文课本的重要补充。课程有利于促进《义务教育课程方案和课程标准》关于课外阅读、记诵任务的落实，提升学生语文素养。在诵读熟背中，学生扩大阅读量，增强语感，感受精华，增加经典储备，打下语文学习的厚实功底；学生在诵读经典中潜移默化，培养仁义敦厚的性情、自信自强的人格；学生在诵读经典中启迪心智，进一步促进素质教育，实现学校"以仁爱为本，以智慧为美"的办学理念。

4. "墨艺飘香"书画课程

"墨艺飘香"书画课程是一门注重传统文化的特色课程，旨在通过教授中国传统书画技艺，让学生了解中国传统文化，培养学生的审美能力和艺术修养。学校开设了"纸刻版画""书法基础入门""静物线描写生""扎染"等课程，引导学生学习中国传统书画技艺，如书法、水墨画、版画、织染等。除了传授基本技能外，课程还注重增进学生对于传统艺术的理解和感悟。同时，课程还结合历史文化知识，让学生了解古代书画作品的创作背景和历史意义。

此外，课程还通过实践活动来提高学生的艺术水平。例如，组织学生参加书法比赛、绘画比赛等活动，让他们有机会展示自己的作品和技能；组织学生参观书画展览等，让他们更深入地了解中国传统文化。

5. 足球特色课程

作为全国青少年校园足球特色学校，广州市番禺区实验小学的足球特色课程是一门注重体育锻炼和团队合作的特色课程，旨在通过足球运动，提高学生的身体素质和团队协作能力。学生在此学习足球基本技能，如传球、射门、防守等。课程通过足球比赛和其他形式的训练，提高学生的身体素质和足球技能水平。同时，课程还注重培养学生的团队精神和协作能力，让学生在足球比赛中体会到团队合作的重要性。

此外，课程还注重足球文化的传承和推广，让学生了解足球的历史和发展，培养学生对于足球运动的热爱和兴趣。

6. 社团特色课程

社团特色课程是一种注重学生兴趣爱好培养和综合素质发展的特色课程，旨在通过社团活动，提高学生的综合素质和团队协作能力。社团特色课程涉及多种不同类型的社团，如音乐社、美术社、足球社等，依托智慧教育管理平台，可以有效满足不同学生的个性化兴趣需求。

在社团特色课程中，学生将有机会参与自己感兴趣的社团活动，并通过社团活动提高自己的技能水平和团队协作能力。例如，音乐社的学生可以学

习唱歌、演奏乐器等技能，并通过合唱、乐队演出等形式展示自己的才华；美术社的学生可以学习绘画、设计等技能，并通过画展、手工制作等形式展示自己的作品；足球社的学生可以学习足球基本技能，并通过足球比赛提高自己的身体素质和团队协作能力。

此外，社团特色课程还注重引导学生积极参与公益活动，如义卖、志愿服务等，让学生了解社会责任和公益精神。通过参与社团活动，学生可以得到全面的发展，提高自身素质，同时可以结交志同道合的朋友，享受快乐成长的过程。

第四节　创建面向未来的育人平台

当前，教育信息化技术的应用已经成为教育发展的重要趋势之一。在此背景下，慕课、微课等数字化课程资源的应用为教育供给方式带来了革命性的变化。通过对现有课程供给进行重构，可以打破传统教育模式，将数字教育资源本土化、校本化，将其视为课程的重要支撑，创设校本资源与校本课程。广州市番禺区实验小学围绕立德树人的根本任务，坚持培育学科核心素养、知行合一以及"五育"并举的理念，全面提高教育质量水平，对数字教育资源进行重新整合，创建教育、科技、人才三位一体的育人平台，打造了独具特色的 STEM 课程、人工智能课程等，旨在让全校师生面向未来，运用新技术、新设备，掌握必要技能和知识，适应快速发展的数字化时代，帮助学生学习和树立在未来获得成功所需的知识、技能和价值观。

一、STEM 课程

广州市番禺区实验小学在全校范围内进行了名为"新时代广东省科创和 STEM 教育"的教改实验。此举旨在培养学生的创新思维，发展认知能力、合作能力、创新能力、问题解决能力和动手实践能力等关键能力，同时激发学生对科技的兴趣和热情，弘扬科学报国光荣传统，提升核心素养。这一举措为学生成长为新一代有深厚爱国情怀、有良好创新素质的未来国家科技人才奠定了坚实基础。

结合学校工作实际，教改实验有三大目标：培养目标、科研目标和工作目标。根据 STEM 课程资源的使用对象，课程资源内容被确定为教材、教师手册、数字资料包和活动材料包四部分。为了确保本次教改实验有足够的教材并起到较好的效果，学校计划连续使用《科创和 STEM 教育实验教材》这套省编教材三年，并使用综合实践活动课程的部分课时进行实验教材教学，确保所有年级每周都有 1 课时来开展《科创和 STEM 教育实验教材》中的教学实践。此外，学校采用学科融合教学的形式，对教材内容与学科教学进行整合，把教材迁移、拓展到学校理科课程、科学课程、信息技术课程、综合实践活动课程、校本特色课程等，活化学校的课程体系。学校 STEM 课程各学段具体目标如表 4-9 所示。

表 4-9　广州市番禺区实验小学 STEM 课程各学段具体目标

STEM 课程	学段	具体目标	项目学习
考察探究	1~2 年级	了解基本的科学知识，学会通过观察、比较与分析，发现并描述不同物体间的差异；学会用简单的方法初步验证自己的猜测；能用数字、图画等简单符号记录；学会与同伴进行初步合作与交流	七巧板、小小科学家（天文、地理、物理、化学）
设计制作	3~4 年级	初步了解自然现象背后的科学原理，学会提问、假设、制订计划、搜集处理信息、得出结论、表达交流、反思评价；能与同伴合作，动手完成简单的任务	"四模二电"（无线电测向、电子线路、建筑模型、车辆模型、航空模型、DIY 机器人）
创意工程	5~6 年级	进一步了解科学实验与自然现象背后的科学原理及实际应用，培养计算思维；学会表达、反思，并能主动提出问题；初步创造富有想象力的作品	创意机器人、创意思维

此外，学校还利用课后时间开展各类 STEM 社团，包括小小建筑师、创客小发明、创客无人机、航海模型队、智能机器人、创意综合模型。学校为社团配备指导老师，并适时邀请校外专业人士或具有相关技能的家长授课，提升学生的综合实践能力。学校还以 OM 竞赛为平台，开展校级 OM 竞赛，积

极参加 OM 省赛、全国赛，以 OM 培训为载体，助力学生科技素养发展。

二、人工智能课程

广州市番禺区实验小学基于《新一代人工智能发展规划》，在 4~6 年级建立了以"启智"与"赋能"为主题的人工智能教育多元化校本课程体系。以促进学生发展的目标为顶层设计的起点，对人工智能课程的教学内容进行拓展，通过多种教学手段相结合，打造"简单—复杂""感知—体验—模仿—创新"的层次性人工智能教育多元化校本课程体系，引导学生体验人工智能课程，并通过持续改进完成课程体系设计的整个闭环，培养学生的计算思维和逻辑思维能力，提高学生应用人工智能技术创新性解决问题的意识和能力。

（一）人工智能课程建设

围绕人工智能与教育教学的深度融合，学校积极探索人工智能在小学阶段教育教学的创新应用，建设性地提出解决思路，以智慧校园环境建设为基础，以打造专业教师队伍和建设人工智能课程为策略，以探索技术在教学中的应用为目标，最终形成典型案例，示范推广，如图 4-3 所示。

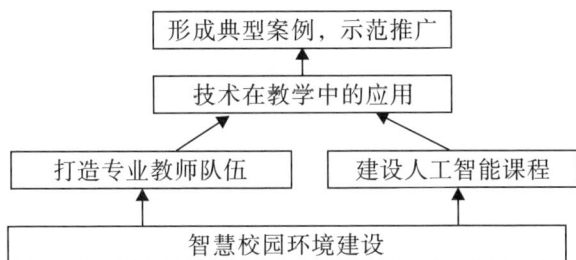

图 4-3 人工智能课程建设思路图

受限于不同年龄段学生的基础知识水平与理解认知能力，高难度、高要求的技术、逻辑与算法不会被纳入小学阶段的人工智能课程中或会被"黑箱化"；但当学生初步掌握了一些简单的传感器、执行器的应用知识后，他们的学习兴趣又会因为"简单"和"无突破"而减弱，或者将学习兴趣转移到娱乐性更强的操控机器人、机器车等方向上去，学生的学习思维则会更多地停留在类似操控玩具的层面，停留在"使用技术"而不是"创新技术"上。因此，学校尝试从简单到复杂，沿着"感知—体验—模仿—创新"的课程思路，建立层次性人工智能教育多元化校本课程体系，并科学地选择各个学段课程的具体内容。

人工智能课程分为基础课程和进阶课程，将带领学生初步了解人工智能技术，通过手脑结合的学习方式，动手搭建、体验人工智能在生活中的应用。基于创设的情境，以问题驱动的方式，引导学生主动思考、分析问题、解决问题、创新创造，并且循序渐进地完成人工智能技术基础知识的学习，辩证地认识人工智能对人类社会未来发展的影响，逐步深入探索人工智能技术原理。

人工智能基础课程使用广州市教育研究院统一教材，根据教材进行教学设计和课件制作，采用 FreeOwl 图形化编程软件，在 3～6 年级每班每周开展一节。人工智能基础课程大纲如表 4－10 所示。

表 4－10　人工智能基础课程大纲

序号	课程主题	课程内容	实践项目	涉及技术
1	人工智能博物馆	身边的人工智能； 人工智能概述； 人工智能简史； 各行各业的人工智能； 畅想人工智能的应用价值和广阔前景	—	—
2	智能农业	了解智能农业生产中的智能种植和养殖系统； 农业智能化的体现； 颜色识别和物体识别原理； 通过颜色识别进行植物生长状态监测； 项目结构件组装体验； 了解实现植物医生、水果分级机器人的程序逻辑	植物医生（一）	颜色识别
3			植物医生（二）	颜色识别
4			水果分级机器人（一）	物体识别
5			水果分级机器人（二）	物体识别

（续上表）

序号	课程主题	课程内容	实践项目	涉及技术
6	智能帮手	了解结合人工智能技术服务社会的应用； 利用人工智能技术帮助残疾人感受生活的方案设计构思； 项目结构件组装体验； 了解实现盲人识物仪的程序逻辑	盲人识物仪	物体识别
7			人脸追踪云台（一）	人脸识别
8			人脸追踪云台（二）	人脸识别
9	智能交通	了解人工智能与交通出行； 了解人脸识别原理和应用场景； 项目结构件组装体验； 了解实现智能红绿灯的程序逻辑	智能红绿灯（一）	人体检测
10			智能红绿灯（二）	人体检测
11	智能学习	了解图像识别； 了解指尖图像处理（关键点检测、边缘检测等）； 了解文字识别（OCR）原理； 项目体验	指尖文字识别（点图识字）； 拍照速算识别（作业批改）	图像识别； 文字识别
12	艺术创作	了解人工智能技术在艺术领域的应用，感受人工智能技术与艺术结合的魅力； 了解人工智能作画的一般过程以及其中的机器学习基本原理； 了解图像修补的原理、应用； 项目体验	简笔画预测； 图像修补	图像识别； 图像处理
13	智能家居	了解人工智能技术在家庭生活中的应用以及相关原理； 了解语音识别原理、概念及应用； 项目结构件组装体验； 了解实现智能门禁、语音台灯的程序逻辑	智能门禁（一）	人脸辨识
14			智能门禁（二）	人脸辨识
15			语音台灯（一）	语音识别
16			语音台灯（二）	语音识别

人工智能进阶课程教学形式为小班教学，通过 mBot Ranger 和 Ultimate 2.0 两大编程机器人，将智能与科技紧密联系，重点学习机器人配件的手工组装，培养逻辑思维能力，使学生在认识、组装和探究机器人套件的过程中促进知识的积累以及合作和表达交流能力的成长，在对底层架构程序进行改造的过程中模仿学习编程语言。人工智能进阶课程大纲如表 4 - 11 所示。

表 4 - 11   人工智能进阶课程大纲

序号	课程名称	课程内容	知识点
1	初识 AI	认识 AI 模块和编程平台	认识 AI 模块； 认识编程平台； AI 基础学习； AI 体验
2	初识电机	认识电机模块，编写程序控制电机	认识电机模块； 编写程序让电机转动； 电机正反转； 电机调速
3	组装小车	组装小车，编写程序控制小车	组装小车； 编写程序让小车前进
4	小车行驶	编写程序控制小车，让小车按指定路径行驶	编写控制小车前进后退的程序； 编写控制小车转弯的程序； 编写程序让小车按指定路径行驶
5	初识舵机	安装卸货装置，编写程序控制卸货装置	认识舵机； 编写程序让舵机转动； 安装卸货装置； 编写程序控制卸货装置
6	初识传感器	认识传感器，编写程序读取传感器数据并控制卸货装置	认识传感器； 编写程序读取传感器数据； 安装传感器到卸货装置； 编写程序根据传感器数据控制卸货装置

（续上表）

序号	课程名称	课程内容	知识点
7	运输小车	编写程序控制小车完成运输任务	了解任务需求； 编写程序控制小车完成运输任务； 调试与优化
8	初识颜色识别	认识颜色识别，编写颜色识别程序	认识颜色识别； 运行颜色识别例程； 了解颜色识别原理； 编写颜色识别程序
9	巡线小车	认识巡线小车，编写巡线小车程序	认识巡线小车； 了解巡线小车原理； 编写巡线小车程序； 调试与优化
10	初识物体识别	认识物体识别，编写物体识别程序	认识物体识别； 运行物体识别例程； 了解物体识别原理； 编写物体识别程序
11	自定义模型	认识识别标志，编写自定义识别程序	认识识别标志； 了解自定义识别原理； 编写自定义识别程序
12	自动物流小车	编写自动物流小车动作函数，根据识别标志调用函数控制自动物流小车	学习函数； 编写自动物流小车动作函数； 根据识别标志调用函数控制自动物流小车完成对应动作，如移动和装卸货
13	调试与优化	测试自动物流小车，并进行调试优化	测试自动物流小车； 调试优化

（二）拓展课程——VR 课程

学校引入 VR（虚拟现实）技术，进一步激发课堂教学的活力，并且设计了相应的课程，作为人工智能课程学习拓展模块，引入相应的 VR 教学资源，以支持 VR 教学的开展。VR 课程大纲如表 4 - 12 所示。

表 4 - 12　VR 课程大纲

序号	课程名称	课程内容	知识点
1	小学英语	学习英语问候、人体部位、颜色、动物、时间等主题	基础词汇； 简单句式； 简单的问候与对话等
2	小学科学	了解科学世界中的不同现象与事物，并掌握原理	生命科学； 地理科学； 宇宙科学； 人类发明创造
3	小学安全教育	学习防范危险、拒绝诱惑等安全知识	校园安全； 青少年心理健康； 禁毒类知识

以下是 VR 课程课件部分目录，如表 4 - 13 至表 4 - 15 所示。

表 4 - 13　小学英语 VR 课件

序号	单元	主题
1	Unit 1	Know each other
2	Unit 2	Colors in a rainbow
3	Unit 3	My face
4	Unit 4	Talk about animals
5	Unit 5	Food and drinks
6	Unit 6	It's my birthday
7	Unit 1	Meeting new friends at school
8	Unit 2	Talk about my family
9	Unit 3	Zoo animals
10	Unit 4	School things
11	Unit 5	Talk about fruit

（续上表）

序号	单元	主题
12	Unit 6	Numbers
13	Unit 1	My classroom
14	Unit 2	My schoolbag
15	Unit 3	Describe my friends
16	Unit 4	My home
17	Unit 5	Let's have dinner
18	Unit 6	My family and their jobs

表 4-14　小学科学 VR 课件

序号	课件名称	课程简介
1	植物的叶片	模拟凤仙花在出土四周内的生长变化，植物利用叶子中的叶绿体进行光合作用，制造植物生长发育所需的养料
2	呼吸系统	介绍人体的呼吸系统；介绍平静状态和运动状态下的呼吸情况；介绍人体吸入气体和呼出气体的变化情况
3	听觉系统	通过模型展示耳的结构，形象直观地认识人的听觉器官；演示声波在耳中的传播过程
4	循环系统	直观地展示心脏的位置、结构、作用；展示血液循环的动态过程；从红细胞的角度感受血液循环的完整过程
5	消化系统	直观地展示消化系统；从食物的角度感受消化的完整过程
6	骨骼、关节和肌肉	直观观察人在进行拿哑铃、下蹲、提踵等各项运动时骨骼、关节和肌肉的变化
7	小鸡的孵化	观察小鸡的孵化过程
8	青蛙卵的孵化	观察青蛙卵的孵化过程
9	花、果实和种子	通过模拟桃花授粉和果实成长的过程，讲述花粉的传播
……	……	……
70	黑洞探秘	黑洞探秘

表 4 – 15　小学安全教育 VR 课件

课程分类	课程内容	功能介绍
校园安全	校园地震	高度仿真地震场景，模拟地震逃生及自救
	校园火灾	沉浸式学习消防安全知识
	交通安全	身临其境体验交通违法行为
	校园防溺水	认识溺水的危险性
青少年心理健康	心理检测	集危机评估评测、多级预警、解决方案于一体
	防社交恐惧	模拟社交场合，通过 VR 体验暴露疗法
	预防游戏沉迷	帮助建立健康游戏的习惯
	心理知识学习	提供高度仿真、安全可靠的环境，进行精准化、个性化治疗
禁毒类知识	禁毒教育	体验吸毒后眩晕、幻听、抽搐等不良反应，提高防毒和拒毒的能力

第五章

技术引领的教学变革

第一节　现代数字技术催生智慧课堂

一、智慧课堂的背景及含义

随着教育信息化工程的深入推进，数字教育资源建设变得越来越重要，以实现信息技术与教育深度融合。为了落实这一目标，教育部于 2018 年 4 月 13 日发布了《教育信息化 2.0 行动计划》，提出要实施"数字资源服务普及行动"，完善数字教育资源公共服务体系，优化"平台＋教育"服务模式与能力，实施教育大资源共享计划。2020 年 4 月 7 日，中央电化教育馆印发了《2020 年数字教育资源公共服务工作要点》文件，旨在全面提升国家数字教育资源公共服务体系的服务水平和质量，强化国家数字教育资源公共服务体系的建设和应用推进力度，进一步完善国家数字教育资源公共服务平台功能。同时，文件还提出要"以学生为中心"探索学生学习平台建设；依托国家数字教育资源公共服务体系，保障校外线上培训备案、教育 App 备案和教育信息化工作进展管理系统的支持服务；提高大资源服务能力，初步形成中央电教馆大数据仓库。这些举措将有助于推进数字教育资源的共建共享，提高数字化教育资源的普及与应用水平。

我国数字教育资源建设主要以资源库为主，这些资源库按学科分类组织，形式多样，易于管理和扩充，能够初步满足师生的个性化需求。然而，随着信息技术的飞速发展，数字教育资源形式和服务进一步升级，出现了大规模在线开放课程、微课、微教学视频资源库等多种新型的数字教育资源,提供了灵活、多样、个性化的内容和服务,极大地改善了用户体验。数字教育资源建设进入了一个新的阶段,主要目标是将丰富、多样的资源形式与个性化的服务和体验相结合。值得赞扬的是,目前我国数字教育资源建设正在稳步前进,从无到有,从低质到优质,从单向输出到双向交互,取得了显著成果;但同时存在一定局限性,如资源利用率偏低,建设模式、服务形式和评价方式不能很好地满足教育信息化发展的新需求。因此,在未来数字教育资源建设中,需要更多地关注数字教育资源的质量和使用效果,提高数字教育资源建设的创新性,推动数字教育资源共享与合作,进一步提高数字教育资源的价值。

智慧课堂代表了未来课堂教学发展的趋势,是信息技术与教育教学相结合的产物。与传统的知识课堂不同,智慧课堂强调学生的主体性和师生之间的和谐融洽、情智共生,追求学生的智慧发展。在信息化时代,"智慧"一词又有了新的内涵,包含心理学意义上的"聪敏、有见解、有谋略"和技术意义上的"智能化"两个不同层面。基于这些特点,智慧课堂可以从不同的角度进行划分。从教育角度来看,智慧课堂通过创建适宜的课堂学习环境,实现学生智慧、全面、可持续发展;从心理学角度来看,智慧课堂是培养学生创造性思维能力和解决问题能力的课堂;从信息化角度来看,智慧课堂则是利用物联网、云计算、大数据、人工智能等技术实现的课堂,可以全面地应用于课前、课中和课后,是一种智能高效的新型课堂,旨在培养具备高智能和创造力的人才。为了实现这一目标,智慧课堂依赖于大数据、学习分析以及其他相关技术,进行学情诊断分析和资源智能推送,还支持"云+端"学习活动与服务,记录学习过程并进行多元智能评价。

二、智慧课堂在国内外的研究现状

随着新一代信息技术的蓬勃发展,教育信息化已逐步迈入智慧教育的新境界。智慧课堂作为一种新型教学模式和学习方式,在国内外得到广泛应用并取得显著成效。

(一)智慧课堂的国外研究现状

在20世纪,著名的印度哲学家克里希那穆提曾指出,教育的价值在于培养具备完整人格的人，即培养智慧的人。随着现代信息技术与教育领域的结合，智慧教育成为一种新的教学方式和理念，并逐渐被世界各国所认可。1988 年，罗纳德·雷西尼奥首次提出"smart-classroom"这一概念，为国外的智慧课堂研究开启了新的篇章。随后，世界各国纷纷开始研究和实践智慧教育，并取得一定成果。2006 年 6 月，新加坡启动了为期十年的"智慧国家2015"宏伟计划（Intelligent Nation 2015）。2008 年，美国 IBM 公司启动了"Smarter Planet"计划，旨在积极探索智慧教育领域。2011 年，韩国教育科学技术部发布了《智能教育推进战略》，其中强调了创造智能化的课堂环境和教学方法的重要性。进入 21 世纪以来，全球各国对智慧课堂的重视逐渐加强，并开始对其进行系统深入的研究。

总体来看，国外对智慧课堂的研究已经达到了深入且全面的程度，强调智能技术在课堂中的应用。以学生的学习智慧为核心，以智慧学习全过程为重点，整合多种学习方式，探索智慧课堂的未来发展，这对于推进我国智慧课堂教学实践具有一定的借鉴意义。

（二）智慧课堂的国内研究现状

1997 年，钱学森提出了"大成智慧学"的理念，旨在集科学技术体系的"大成"，促使学生获得智慧。在信息技术快速发展、互联网普及应用的时代，智慧课堂应运而生并成为教育界关注的热点之一。2010 年，上海市虹口区率先推出了电子书包项目，该项目以信息化为基础，彻底颠覆了传统的教学模式和学习方式，从而开创了智慧课堂。

陶正勇指出："智慧课堂是在开启智能教育的基础上，改革教学手段，发展生命课堂，提升学生综合素养，把现代信息技术恰到好处地运用于教育教学中，促进新时代的教育事业快速发展。"[①] 因此，"如何实现智慧课堂教学"成为当下教育界热议的话题之一。

2016 年起，中国开始逐步推广智慧课堂的概念，并将其广泛应用于基础教育领域，例如利用微课资源实施智慧课堂教学、成立全国智慧课堂名校联盟等。

中国的学者不仅对智慧课堂的概念进行了解读，还对其特点进行了深入研究。黄荣怀等运用"SMART"概念模型，指出了智慧教室在精准性、多样

---

① 陶正勇. 开启智能教育 构建智慧课堂教学模式［J］. 中国教育学刊，2019（A2）：67－68.

性、便捷性、高效性、互动性和智能性等方面的独特特征。① 陈卫东将未来课堂特点归纳为人性化、混合性、开放性、智能性、生态性、交互性六个方面。② 姜丛雯和傅树京认为，智慧课堂的特质在于其智能化的精准性、互动性、高效性以及开放共享性。③ 智慧课堂是一种新概念，它在国外已被广泛应用并取得良好成效，而国内对其研究尚处于起步阶段。在中国，与智慧课堂相近的概念还有"智慧教室""智能教室""未来学习空间"等。我国学者对于智慧课堂的特点理解主要聚焦于智能技术的应用、教学的灵活性以及学生的培养这三个方面。

三、智慧课堂引领的变革

智慧课堂强调了现代信息技术和智能技术在课堂教学中的智能化应用，同时更加注重教师智慧特性对学生智慧生成的影响和促进。从隶属关系来看，智慧教育是智慧课堂的上位概念，它将其追求理性、价值、实践统一的特性辐射到智慧课堂中，使其具备促进学生智慧生成的功能。反过来，智慧课堂也承载着智慧教育模式的创新和功能的实现，不断引领教学的变革与创新。通过深入研究智慧课堂引领变革的内在机理和外在表现，可以为未来的课堂变革提供新的启示。除此之外，智慧课堂还注重培养学生的综合素质和创新思维能力，强调学生在课堂中的主体地位，构建了一种全新的、基于互动和合作的教育模式。这些特点和优势将为未来的教育发展提供有益的借鉴和指导。

（一）引领课堂变革风向

随着技术的发展，应用于课堂的技术也在不断更新。过去，应用于课堂的技术主要是一些基础信息记录和传播技术，如纸笔等。这些技术具有非数字化、低信息承载量的特点，对教育变革的推动起到了基础作用但并不重要。21 世纪初期，随着电子、计算机和网络技术的不断发展，应用于课堂的技术实现了数字化并具备了更强的信息承载能力，成为影响课堂变革的重要因素。

---

① 黄荣怀，胡永斌，杨俊锋，等. 智慧教室的概念及特征［J］. 开放教育研究，2012，18（2）：22-27.

② 陈卫东. 如何建构未来课堂教学模式［J］. 现代远程教育研究，2012（5）：42-50.

③ 姜丛雯，傅树京. 我国智慧课堂研究现状述评［J］. 教学与管理，2020（6）：1-4.

然而，由于技术还未能实现智能化，技术驱动下的课堂变革仍停留在表层，课堂教学的基本流程和范式体系并未得到深层次变革，技术还未成为影响课堂变革的核心要素。近年来，随着人工智能技术的快速发展，应用于课堂的技术开始从数字技术向智能技术演进。智能技术具有超强的信息承载能力，能够感知人的需求，并根据不同个体的需求为其提供形态迥异的学习资源和目标达成路径。以智能技术为代表的智慧课堂技术已经成为影响课堂变革的核心要素，并且成为驱动课堂变革的风向标。例如，在"未来教室"宣传片《桥梁工程》中，智慧课堂通过集成学习终端、无线网络、多屏互动、自然交互、3D 打印等智能技术，为学生提供智能互动的学习空间，改变了传统的课堂授课模式，凸显了智能技术对推动课堂教学变革的重要作用。

（二）提高学习管控的有效性和精准度

教育长期以来追求的目标之一就是因材施教、尊重个性、启迪智慧。但由于传统教育模式和技术水平的限制，学生在课堂中常常面临教学方式单一和缺乏个性化支持等问题，不能真正地实现全面发展。随着云计算、大数据、"互联网＋"和人工智能等新兴技术的发展，基于这些技术的智慧课堂应运而生，成为推动教育变革的新力量。在智慧课堂中，智能感知技术可以感知学生的学习需求和状态，获取学习过程数据，从而为学生提供个性化的学习支持和指导；智能分析技术可以对学生的学习行为、学习内容和学习结果等进行记录和分析，为学生提供精准的学习问题查询和学习结果评价服务；智能管控技术可以实时监控课堂学习的流程进展，针对不同学生的学习问题进行点对点的智能化介入，提高课堂教学效率。同时，学习分析技术和自适应技术也被广泛应用于智慧课堂的教学过程中，帮助学生更好地完成学习任务。以可汗学院和 Knewton 为例，二者都成功应用了智能技术来实现个性化的学习支持和指导。可汗学院利用学习分析技术来收集和分析学生学习数据，帮助学生制订科学的学习计划；Knewton 则通过智能技术实现学生的自适应学习，为每个学生创建特定的学习路径，提供个性化的学习支持和指导。

（三）课堂体系得以创新和重构

课堂变革的外在表现是课堂学习方式的改变、教学模式的创新和基本形态的调整，而其内涵则体现为课堂学习流程的重新塑造和课堂体系的重构。长期以来，课堂变革停留在浅层，主要集中在简单的技术引入和应用、局部的学习和教学方式改进等，教学模式未能创新，课堂形态基本不变。系统科学观点认为，其主要原因是没有促进系统内各元素地位和相互关系的变化，也没有实现课堂学习流程和体系的重塑。

在智慧课堂引领下，翻转课堂开始对学习流程和体系进行重新塑造，实现了课堂教学形态的根本变革。翻转课堂将知识传授和知识内化两个阶段进行翻转，即将知识传授放在课堂外完成，让学生在课前通过观看教师微视频和操作智能化学习工具完成针对性练习等，而将知识内化放在课堂内通过智能技术引导下的协作探究来完成。智慧课堂和翻转课堂改变了学习流程，从传统的"先教后学、由教师定学习"形态转变为"先学后教、由学生定教学"的新形态。翻转课堂的成功实践充分证明了通过智能技术实现课堂变革的可能性。

（四）彰显共享共创的文化精神

课堂文化是教育文化乃至社会文化在课堂层面的映射和延伸。相对于传统课堂，智慧课堂具有共享和共创的文化特征。以互联网、云计算、大数据、人工智能为核心的信息技术不仅是一种工具，还代表了一种尊重个性、共享和共创的教育文化精神。在智慧课堂中，智能技术的广泛应用为共享和共创的课堂文化的形成提供了必要条件。

长期以来，由于教师和学生地位的不平等，教师的绝对权威体现在课堂文化的形成中，限制了学生在课堂文化中的积极作用，导致师生之间和同学之间的共享和共创行为几乎不存在。在智慧课堂中，智能技术与教育深度融合，强化了学生对教学内容的掌控和开发，使得学生有机会表达自己的观点，增加了师生之间和学生之间的互动机会，这为共享和共创的课堂文化的形成提供了条件。

此外，在智慧课堂的信息传递和知识建构中，学生开始扮演重要角色，在各种协作和协同学习活动中不断出现。通过这些活动，学生不仅学习了知识，还获得了互助、协同的实践体验，培养了共享和共创的精神品质，从而进一步彰显了智慧课堂的共享和共创文化精神。

（五）确立自我更新的课堂生态

从生态学的角度来看，系统可分为生态化和非生态化两种类型。在非生态化的系统中，系统内部各个要素之间的关系比较固定，缺乏活力，系统对

外显现出封闭的静止状态，几乎无法实现变革。相反，在生态化的系统中，系统内部各个要素处于积极的运动状态中，要素自身在活动中不断更新和发展，并处于活跃的相互作用中，系统对外呈现出开放、流动的状态。

在智能技术的帮助下，智慧课堂表现出向自我更新和发展生态化演进的趋势。通过赋能于教师、赋权于学生，智慧课堂充分激活了课堂学习中人的能力因素，并提供了充分的互动，促进课堂体系的不断演进和优化。例如，基于"学习元"理论创建的智慧课堂推崇"人人教、人人学"的新型学习方式。在这种课堂中，学生不仅是学习者，还是教学者，通过参与能动的学习，生成各种个性化的学习资源，甚至承担资源管理者的角色。这样的智慧课堂在高效的演进中不断优化和完善，表现出强大的生命力和功能，展现了生态化系统的特征。

第二节　激发内生动力的智动课堂

一、学校智动课堂的背景

广州市番禺区实验小学的办学理念是"以仁爱为本，以智慧为美"。以仁爱为本，贯彻立德树人、育人先育德、育人先育心的基本要求；以智慧为美，注重学生全面发展和核心素养发展。所谓"仁"，就是人性之善根、人类自身生长修为所赖之本体；所谓"智"，就是德商、智商和情商相统一的认知能力和问题解决能力。仁智一体，才能达到内在道德高尚和达观融通。学校致力于培养友爱至善、慧心智能和唯美大气的人才，让学生在仁爱和智慧的气氛中做知行合一的自我，做化知为智的自我，做绽放美好的自我。

教学是人才培养中最基本、最普遍的活动形式。但传统教学模式固定、教学评价单一、教学资源匮乏等问题阻碍了学生个性化发展。随着互联网、大数据、云计算、人工智能等新一代信息技术兴起而发展的智慧课堂，是信息化时代教育发展的必然结果。新一代信息技术在变革教育教学模式、提升教育教学质量、促进学生个性化发展等方面发挥着巨大作用。

智动课堂就是学校以新课程理念为指导，结合现代教育教学理论，对学校教学经验进行总结提炼而初步构建的学本课堂。它以"浪漫的思考，灵动的学习和睿智的成长"为核心理念,以"如亲情般温暖关爱,如雁群般奋飞并进,如蜜蜂般勤奋好学,如百灵鸟般机敏灵动"为学习氛围,用现代化教学手段营造学习情境,引导学生追求知识的"真正感觉"与"真正体会"。在调动学生学习积极性、维持学生学习兴趣的基础上,学校以发展学生学习能力为目标,采用激励式、自主式、探究式和导学式教学策略,使学生产生学习兴趣、趣中生智、智中育行,促进学生主动建构、掌握知识、创新思维、协同发展和智慧成长。

二、智动课堂的内涵及特征

(一)智动课堂的内涵

智动课堂,顾名思义,就是智慧、灵动的课堂。其中,"智"形容"聪明、灵活异常",在这里有四种指向:一是教师教学之智,灵活运用多种教学方式方法指导学生有效学习。二是学生的学习之智,遵循知识形成规律和学科学习规律,进行灵活而有效率的学习。三是师生互动、生生互动、人文互动,生成新知。这里"智"的方向就是三维目标的过程和方法,就是要充分体现"学有规律、教有优法、创新突破"而不以结果来界定。四是根据学生心理发展的特点,对教与学进行改革和优化。"动"是"灵动"的意思,指教师灵活地运用各种教学方式方法来展开教学,而学生则灵活地运用满足自己需要的、富有个性的学习方式来学习。智动课堂的要点落到了"动"上面,那就是"浪漫思维""灵活地学"和"灵活地教"。

智动课堂就是学生在自主活动中积极构建知识意义的过程,具有激励促自学、巧学促生成、拓练促创新的作用,它主要由浪漫阶段、精确阶段和综合运用阶段三个阶段构成(如表 5 - 1 和图 5 - 1 所示)。

表 5 - 1　智动课堂阶段

阶段	要领	基本流程	师生活动要点(灵活掌握)
浪漫阶段	体验情景 活动思维 浪漫遐想	唤醒思维	体验情境 + 引导质疑 + 自由交流(思维风暴)
		激趣质疑	

（续上表）

阶段	要领	基本流程	师生活动要点（灵活掌握）
精确阶段	遵循规律 掌握知识 领悟原理	自主探究	精讲点拨 + 合作学习 + 互评解惑
		攻克难点	
综合运用 阶段	运用原理 综合训练 举一反三	变式练习	变式训练 + 自评互评 + 及时巩固
		深化思维	

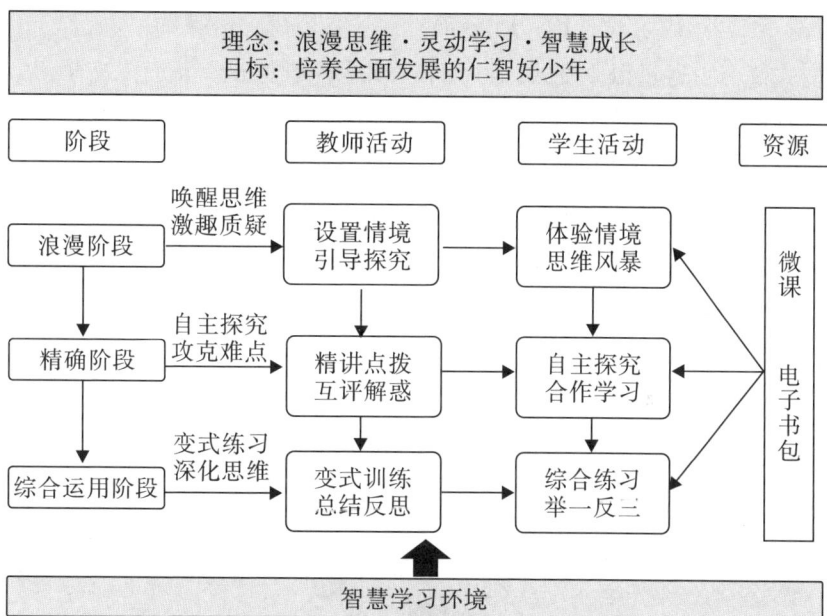

图 5 - 1　智动课堂阶段发展图

（1）浪漫阶段（5～10 分钟）。

唤醒思维：学生可通过预习自学或利用教师提供的多媒体视频资料进行深入体验。课前的预习任务和引导材料应当注重科学性和趣味性，采用媒体化和艺术化等多种手段，体现学生先前学习过的知识与即将学习的内容之间的联系，从而激发他们的学习信心和兴趣。

激趣质疑：在教学过程中，教师应当注重激发学生对新知识的好奇心和求知欲，引导他们根据遇到的难题和学习材料提出疑问并进行自由交流。在课中阶段，教师需要给予指导，以促进学生自主探究。当学生提出疑问时，教师会进行巡视和查看，并对学生进行有针对性的指导。

（2）精确阶段（20～25分钟）。

自主探究：在学生自主学习并全面掌握研学案的基础上，教师根据具体情况将课程的重点内容划分为多个部分，以便各个小组能够灵活地进行个人自学、集体合作学习和组内研讨，并制订小组展示的计划。

攻克难点：教师鼓励学生通过多种形式的展示，表达自己对事物的认识、知识的理解、观点的差异。教师引导学生互评，让"旁观者"发现问题；进行点拨，指导学生拓、挖、思、悟，举一反三，攻克难点。

（3）综合运用阶段（10～15分钟）。

变式练习：通过课堂变式练习，学生巩固所学知识，从而提高学习效果。为了达到更好的教学效果，教师采用多种形式的练习和检测，包括口头回答、书面练习和电子教学等。题目必须紧密贴合教学目标，突出重点，具有典型性、层次性和针对性，以提高学生的思维能力。

深化思维：题目必须紧密贴合教学目标，突出重点，精心挑选，具有典型性、层次性和针对性，达到深化学生思维的目的。

（二）智动课堂的六大特征

智动课堂塑造多元化教学，包含六大特征（如图5-2所示）：

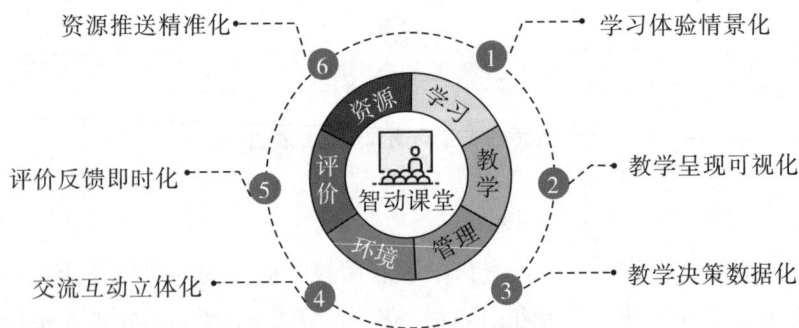

图5-2　智动课堂的特征

（1）学习体验情景化。

物联网、云计算和数据挖掘等智能技术是智动课堂的技术支持，使其具

备感知性、适应性和生动性。智动课堂中，鲜活的学习场景、先进的装备以及丰富的资源能够引导学生主动参与，使其能够灵活而有效地将知识应用于情境化、移动化以及感知化的学习活动之中，使不同学生都能够实现知识和智慧的融合，并在真实的经验之中获得智慧的增长。

（2）教学呈现可视化。

智动课堂可依托物联网、移动互联网和虚拟现实等新型技术手段建设数字化教学环境。运用计算机图形学与图像处理技术，通过图形、图片、动画、视频等可视化技术，动态地展示信息量巨大、复杂抽象的教学内容，提高学生信息加工与信息传递的有效性；运用思维导图、流程图等思维可视化工具，将原本"看不见的思维"展现出来，让它变得清晰可见；在实验教学中以建模、仿真、渲染、增强现实为基础，将难以表现的复杂实验过程可视化。

（3）教学决策数据化。

智动课堂可以通过各种信息化教学平台、系统或者工具，充分记录师生教学行为、练习成绩等方面的数据，并依托聚类、数据挖掘、学习分析等手段，对其进行综合分析诊断，以帮助教师克服传统教学决策的主观性、盲目性，运用数据准确分析学生课前准备效果和课上对知识的掌握程度，细致了解学生学习需求，准确定位学生知识盲区，从而帮助教师有的放矢地对教学内容进行调整，为学生提供适宜的学习资源和便捷互动工具，提高教育决策的科学性和准确性，有利于实现因材施教和精准化教学。

（4）交流互动立体化。

传统课堂上的互动是教师片面启动的，双向性不强，"被互动"的学生人数少且范围不够大，智动课堂则能做到全方位、立体化的交流互动。通过智能移动终端（例如平板电脑、笔记本、电子白板），师生采用语音和身体行为与多媒体互动，设备对互动数据进行自动记录，从而为智慧推送和资源决策提供数据支持。智动课堂实现教师和学生立体化的交流互动，推动协作学习和深层学习。

（5）评价反馈即时化。

传统课堂仅局限于通过考试、测验等来总结性地评价学生的学习成果，大数据技术的蓬勃兴起为智慧评价的实现提供了强大支持。智动课堂以信息化平台为依托，以多元教学评价系统和大数据分析技术为支撑，可伴随式收集师生教学、学习行为数据，实时记录跟踪学生学习状态，通过课前预习试题测评反馈、课中学习效果实时检测及即时评价反馈、课后平台作业评判反馈等，实现课堂教学全流程学习诊断评价即时化，有利于教师及时掌握学生情况、提供指导及调整教学内容。

（6）资源推送精准化。

智动课堂可聚合网页及其他多种形式的数字化学习文档、图片、音频、视频等资源，关联系统或平台等以实现自适应生成与个性化分配资源。在大数据分析与智能推送技术的基础上，智动课堂可根据学生个性化特征发送与之相关的学习资源，满足学生个性化的要求，并最终实现个性化教学。

（三）智慧教室的概念模型

2017年5月，北京师范大学智慧学习研究院发布了《2016中国智慧学习环境白皮书》，提出智慧教室的"智性"涉及教学内容的优化呈现、学习资源的便利获取、课堂教学的深度互动、情境感知与检测、教室布局与电气管理等方面，可概括为内容呈现（showing）、环境管理（manageable）、资源获取（accessible）、及时互动（real-time interactive）、情境感知（testing）五大特征，简写为"S. M. A. R. T"，因此智慧教室概念模型又被称为"SMART"概念模型（如图5-3所示）。

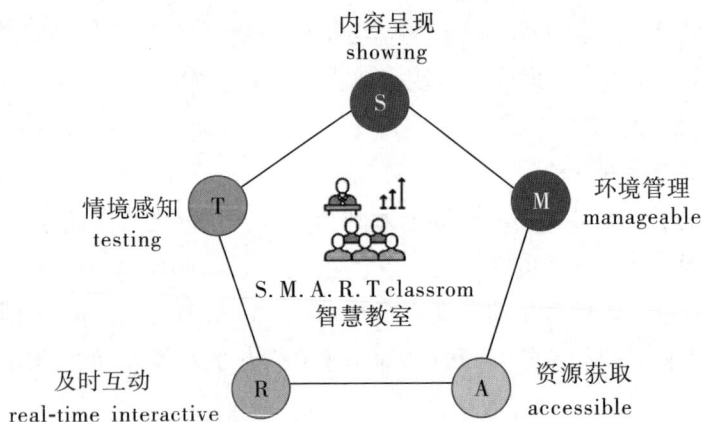

图5-3　智慧教室概念模型图

（1）内容呈现。

智慧教室的呈现方式应顺应学生认知特点。"内容呈现"主要表征为智慧教室的教学信息呈现能力，它主要由视觉呈现与听觉呈现两部分组成。视觉呈现涉及清晰度、视野、亮度和视角等诸多要素，需要以电子手段展现在学生面前的信息在课堂上要让全体学生都能够轻松清晰地看到，而不会对学生身体健康造成损害。听觉呈现要满足背景噪声级足够低、吸声材料布局合理、混响完全可控等条件。

（2）环境管理。

"环境管理"主要表征为智慧教室的布局多样性和管理便利性，要求智慧教室的所有设备、系统、资源都具有较强的可管理性，包括教室布局管理、设备管理、物理环境管理、电气安全管理、网络管理五个方面。教室布局管理要灵活多样，为各种教学活动提供支撑。设备管理要兼顾网络设备、传感设备、照明设备、供电设备、空调设备、计算机、屏幕和投影仪。物理环境管理包括声、光、温及其他环境因素。电气安全管理涉及各类设备供电、布线和用电安全。网络管理需要教师在室内网络使用上具有可控性，主要表现在病毒预防、网络传输保证和访问数量上。

（3）资源获取。

"资源获取"主要体现在资源选择、内容分发、访问速度三个方面。从资源选择来看，智慧教室应该能够提供大量教学资源来灵活地支持教学活动的开展，各种计算机、平板电脑、智能手机、掌上电脑、无线投影机、交互式白板都可以方便地访问，支持教学过程中资源的交互、运行与再生成；从内容分发来看，智慧教室利用技术将图像、声音、文字、视频等多种形式的教学内容进行融合和呈现；从访问速度来看，智慧教室达到了每秒 10 兆的宽带速度，使信息化教学手段得到充分使用。

（4）及时互动。

智慧教室要为教学及时互动提供全方位支撑。"及时互动"主要体现在对教学互动与人机互动能力的支持上，涵盖便捷操作、流畅互动与互动跟踪三个方面。从便捷操作来看，智慧教室应该能够支持人与机器的自然交互，各种交互设备和接口都有操作方便、功能完善、导航明确和符合人们操作习惯的特点。从流畅交互来看，智慧教室内的硬件可以满足多终端、大数据量交互的要求。从互动跟踪来看，智慧教室可以对师生、生生及人机之间互动轨迹进行记录与储存，提供学习分析基础数据以及辅助教师决策与学生自我评估。

（5）情境感知。

"情境感知"是智慧教室感知物理环境与学习行为能力的主要表现。智慧教室可通过多种传感器对室内噪声、光线、温度和气味进行实时探测，并按照预设理想参数对百叶窗、灯具、空调、新风系统及其他相关装置进行自动调整。学习行为感知是指智慧教室能获得学生在学习过程中所表现出的姿势、姿态、操作和情绪等信息,从而对学生的学习需求进行分析,使他们获得适应性支持。

三、智动课堂的运行机制

(一)搭建智慧学习环境与平台

学校目前已建成 15 个智慧教室,其中每个学生人手一台电子书包,为师生提供了智能化的教学环境,有助于学生进行个性化学习。智慧课室可以有效整合智能移动终端、教育云平台、交互式一体机、智能录播系统,形成智慧环境,助力学生个性化学习的开展。

学校融合云网端,以智慧校园服务系统为支撑,开展学校教学、管理、教研、后勤、安全、家校互动等创新应用,为师生、管理者、家长等提供个性化、智慧化、效能化的教育公共服务。以校园综合管理平台为依托,学校充分利用信息技术制订教学计划,进行课程管理、教学评价,组织教研科研、排课等活动,从本质上实现学校管理自动化、智能化;在办公自动化的基础上,学校在校产管理、场室管理、后勤管理、校园服务等方面利用信息技术实现智能化、规范化的综合管理。校园综合管理平台如图 5-4 所示。

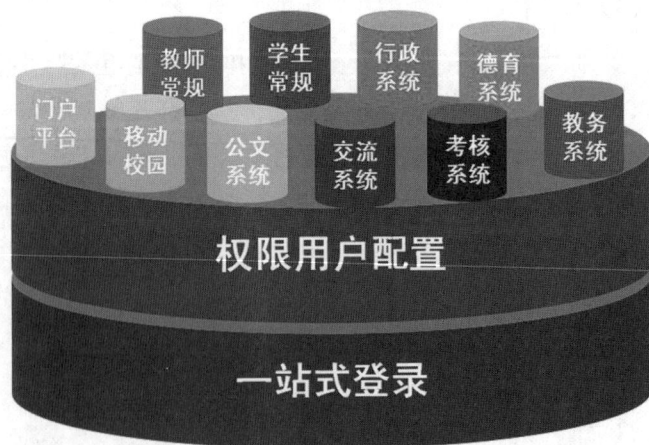

图 5-4 校园综合管理平台

（二）建设智动课堂教学资源

从学生个性化学习需求出发，学校对包括校本教材、微课、优课等在内的各类教学资源进行聚合与管理，构建校本资源共建共享的激励机制和体系，激励师生及技术人员共同构建特色与个性化资源，不断完善、整合和充实各学科智动课堂教学资源内容及形式。在此基础上形成的智动课堂教学资源内容框架如图 5-5 所示。

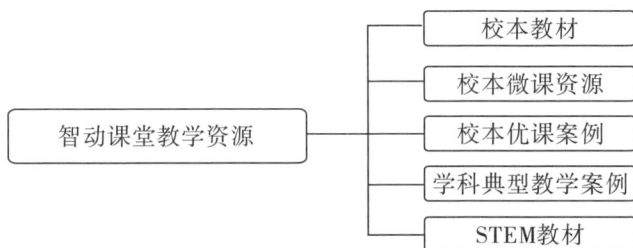

图 5-5 智动课堂教学资源内容框架

（三）构建智动课堂教学模式

依据"以仁爱为本，以智慧为美"的办学理念，在微课、电子书包等信息技术支持的智慧学习环境下，学校以信息技术为基础，以流程再造和模式重建为关键，从一线教师多年教学经验中总结提炼出新型的个性化学习模式，即在自主、合作、探究等模式的基础上构建智慧学习环境下学生个性化学习模式——智动课堂教学模式（如图 5-6 所示）。

智动课堂教学模式由环境、人（教师和学生）、资源和活动四个部分组成。

所谓"环境"，就是指智慧

图 5-6 智动课堂教学模式

127

学习环境。学校现已建成校园网，接入广州市教育科研网的宽带已超过1 000 M，在校园内实现无线覆盖，形成泛在化学习环境；借助教育云平台、交互式一体机、电子书包、无线网络等新技术、新媒体，同时融合智能录播系统、智能监控等装置，构建本土化智慧教室，将硬件、工具与资源整合在一起，为教师与学生在智慧学习环境中进行学科教学提供创新性应用支撑。

所谓"人"，是指教师与学生，这里强调的是他们之间在以信息技术为支撑的智慧学习环境中的教学活动与学习活动。

所谓"资源"，是由教师独立开发并通过学校采购和整合现有资源而获得的名师教学资源、试题与练习库及探究性主题资源，其中以教师独立设计的微课和电子书包课例为主，由教师基于微课和电子书包进行个性化教学。

所谓"活动"，是指师生以信息技术为支撑，以小组合作为基础，以自主探究为手段开展的各种课堂教学与学习。

（四）智动课堂的资源、技术与教学融合

将资源与技术融入课前、课中、课后整个过程，其目的是充分了解学生学情、需求、学习目的、成效、学法、弱点与兴趣。同时学校以此为基础探究如何最大限度地利用线上线下和课前课后的教学时间、空间和资源，以此来无缝衔接学生的学习资源和无缝切换学习场景，给学生一种全衔接学习体验；如何在虚拟化、数字化和网络化教学工具的辅助下，使学生能够实现体验式操作并获取直接的相关体验，解决传统多媒体教学中存在的学生主体性不足、教学粗放型开展、教学低效性执行和技术盲目性运用等诸多问题，有助于由重视知识传授的知识课堂向重视开发智慧的智慧课堂转变，并最终推动课堂教学质量全面提高。

四、智动课堂对传统课堂的革新

传统的课堂教学模式以书本、教师和教案为基础，注重理论而轻视实践，教师过分强调语言和行为的灌输以实现知识的传授，而忽视了学生作为人在教学中的地位和权利，导致课堂教学僵化，抑制了学生的积极性、主动性和创造性。相比之下，智动课堂主张以学生为中心，运用大数据、云计算、物联网等技术，结合智能移动终端，利用大数据学习分析技术完整记录、描述和还原学习过程，从个性化学习原理的角度发现学习问题、给出学习策略、

指导学习方向、优化学习评价，为学生提供适合其个性发展的学习资源，实现课前资源推送智能化、课中交流互动立体化、课后评价反馈及时化，最终实现因材施教的目标。

（1）教学理念。

传统课堂突出系统知识传授、课堂教学功能、教材重要性、教师权威与地位等，所有教学活动均由教师以书本为中心进行；而智动课堂突出实践和创造两个方面，注重学生思维方式的培养和创新思维的训练，促进其全面发展。

（2）学习内容。

传统课堂上教师以书本内容为中心，将知识传达给学生；而学生则是被动地接受，所学知识大多是知、解、记一类，知识面较窄，由此束缚了他们的思维，使其不能很好地解决生活中存在的现实问题。而智动课堂以多种创新技术为支撑，以智能移动终端及支持平台为载体，提供了大量学习资源与工具，使学习内容呈现多样化和富媒体化特征，通过智能移动终端让学生进行探索与学习，发展其分析、评价与创造的能力，并发展其个性。

（3）学习方式。

学生在传统课堂上的学习处于被动接受的状态，主要体现在老师讲述学生倾听和老师提出问题学生解答这两个方面。这样的学习方式使学生厌烦，他们的好奇心与求知欲渐渐消失，且无法获得幸福感与满足感，学习动力不强。智动课堂更强调实践学习、个性化学习、创造性学习。智动课堂以发展学生自信、求新、质疑素质为目标，引导学生勇于提出问题并进行大胆想象，把新学习内容弹性地纳入原有认知结构之中，以达到超越自我和创新自我的目标。

（4）师生关系。

传统课堂的师生关系是专制型的，它突出了教师的权威，其中教师以完成教学任务为核心，而不是以倾听学生意志为重点，学生唯命是从于教师。师生之间缺少互动，情感因素匮乏，很难形成良好的人际关系。部分教师武断专横，甚至使学生厌恶、憎恨学习，导致师生关系僵化。智动课堂的师生关系是一种理想型师生关系，它的特征可归纳为四点：一是尊师爱生人际关系。"尊师"即尊重教师，"爱生"即热爱学生。二是民主平等社会关系。教师要了解学生、一视同仁，善于听取他们的建议。三是教学相长教育关系。"学然后知不足，教然后知困"即是如此。四是心理相容的心理关系。在教学过程中表现为师生关系密切、情感融洽、平等合作。

智动课堂的革新在教学理念、教学模式、教学管理和教学评价四个方面有所体现，如图 5-7 所示。

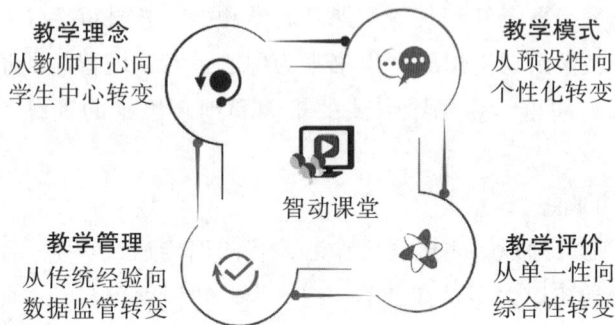

教学理念
从教师中心向
学生中心转变

教学模式
从预设性向
个性化转变

智动课堂

教学管理
从传统经验向
数据监管转变

教学评价
从单一性向
综合性转变

图 5-7　智动课堂的革新

（1）教学理念：从教师中心向学生中心转变。

传统课堂主要依靠书本、教师、教案等，重视理论而轻视实践，教师通过语言讲述与行为灌输来达到知识传授的目的，而忽略了学生作为人应享有的教学地位与权利，导致课堂教学僵化。而智动课堂运用大数据学习分析技术，能够对学习过程进行完整的记录、描述与还原，从个性化学习原理视角出发，发现学习问题、给出学习策略、指导学习方向、优化学习评价，为学生提供合适的学习素材，做到课前资源推送智能化、课中交流互动立体化、课后评价反馈及时化，最终达到因材施教的目的。

（2）教学模式：从预设性向个性化转变。

在人工智能和大数据的驱动下，教学模式逐渐由数字化和数据化向个性化和智慧化转变。智动课堂中，智能手环这样一个便捷的数据采集终端能够实时获取整个教学过程的行为数据并准确地分析教师和学生的全域数据，从而系统地进行分析和教学评价，以提供个性化教学干预。同时，它可以实时地记录教师成长的历程，有助于教师对自己的教学方法和教学手段进行分析，并为教师提供综合而有个性的改进策略，从而大范围、动态化地开展个性化教育。

（3）教学评价：从单一性向综合性转变。

智动课堂中的教学评价正由单一评价向综合评价转变。智动课堂借助大

130

数据关注每个学生的微观表现并记录其学习过程中的信息，通过学习电子档案袋将教师和学生的过程性数据保存到云端，从而为师生互评、生生互评和家长互评等多样化课堂评价提供数据支持。同时，教师可根据学生学习行为数据，结合学习效果进行精准评价；学生可以在学习过程数据的辅助下进行自我评价以了解学习现状，实现自我导向性学习与自适应学习。

（4）教学管理：从传统经验向数据监管转变。

在物联网、云计算和大数据的支持下，智动课堂实现了教学管理由传统经验到数据监管的全维度变革。此变革通过将师生行为、教育资源及其他相关资料进行记录、整理及分析，从而达到全方位真实教学监督的目的，有利于教师充分掌握学生的学习状况，并使用视频监控或者录播系统对学生的动作、表情以及教师的教学行为进行监控，重现教学过程，有利于教师监控课堂教学，也有利于教学质量的提高。

第三节　智动课堂教学模式应用案例

根据智动课堂教学模式，学校各学科的教师积极开展扎实的教学实践研究：将教学过程划分为浪漫阶段、精确阶段、综合运用阶段这三个阶段。其中，浪漫阶段分为唤醒思维、激趣质疑两部分；精确阶段分为自主探究、攻克难点两部分；综合运用阶段分为变式练习、深化思维两部分，指导教学活动的开展。通过这种方式，教师得以以智动课堂教学模式为指引，提炼出各个学科的教学模式。

一、各学科智动课堂教学模式

1. 语文学科智动课堂教学模式

在语文学科"初读质疑—自读自悟、主动探究—综合应用"教学模式中，学生在初读质疑阶段利用电子书包作预习批注，通过互动讨论区跟帖的形式表达个人看法，实现自读自悟、主动探究，通过在展示区发布随笔和其他习作实现综合运用。具体如图 5 - 8 所示。

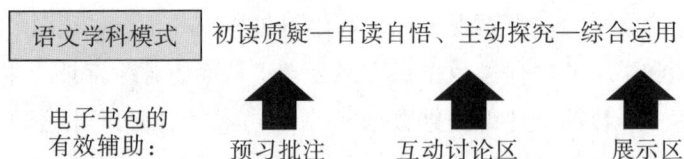

图 5 - 8　语文学科智动课堂教学模式

2. 数学学科智动课堂教学模式

数学学科"疑问—尝试—归纳—拓展"教学模式倡导研学后导。电子书包为学生提供可视化、直观化物像,让学生进行观察、质疑、思考,采用自主学习、合作探究的学习模式,将研学成果呈现于展示区,在教师指导下一起交流学习,在掌握基本知识的基础上,进入电子书包资源题库,依据个人能力选择不同水平的问题,并加以巩固练习。此种思维体验探寻式学习使学生学得更加深入。具体如图 5 - 9 所示。

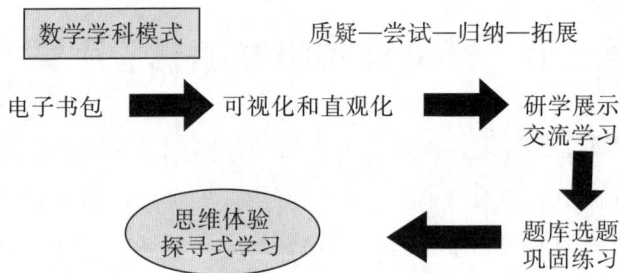

图 5 - 9　数学学科智动课堂教学模式

3. 英语学科智动课堂教学模式

英语学科的智动课堂教学模式为:课前热身—创设情境—操练—思维拓展—灵活运用。以"问路"一课为例,用相关的英文歌进行热身,通过电子书包微视频呈现问路情境,让学生模仿学习,把自己的练习成果录音上传到学习空间,达到学生人人参与展示、相互欣赏、共同进步的目的,最后通过英语资源包的句式练习达到熟练掌握的效果。具体如图 5 - 10 所示。

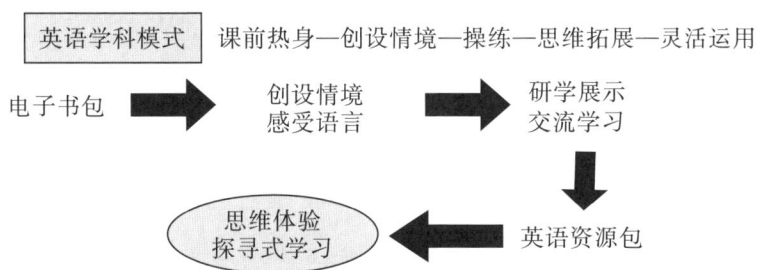

图 5 - 10　英语学科智动课堂教学模式

4. 音乐学科智动课堂教学模式

在音乐学科中，教学模式分为：第一步，前置学习（课前阶段）；第二步，研讨学习（课中阶段）；第三步，体验学习（课中阶段）；第四步，拓展学习（课后阶段）。具体如图 5 - 11 所示。

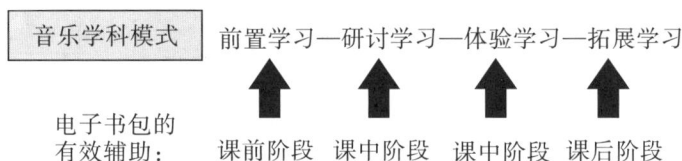

图 5 - 11　音乐学科智动课堂教学模式

5. 心理健康学科智动课堂教学模式

心理健康学科在电子书包辅助下的教学模式为"前置任务—初步感知—深化主题—课后延伸"。具体如图 5 - 12 所示。

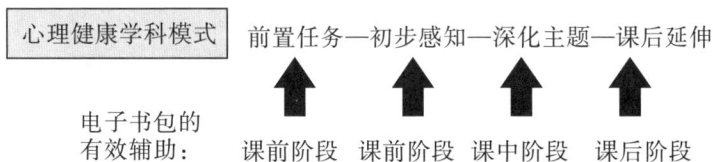

图 5 - 12　心理健康学科智动课堂教学模式

6. 科学学科智动课堂教学模式

在科学课堂教学过程中，学生在个人空间上接收教师在课前精心设置的研学问题和前置任务，并将收集的信息上传到学习空间的互动讨论区进行交流;在课中,学生观看导入视频,提升学习兴趣。通过自主探究,学生完成教师在平台设置的问题、测验和任务,并反馈前置任务完成情况,以此掌握自己的学习情况,加深自我认识。学生作出自我评价,共同交流探讨、总结反思,课后完成作业,以巩固知识。具体如图 5-13 所示。

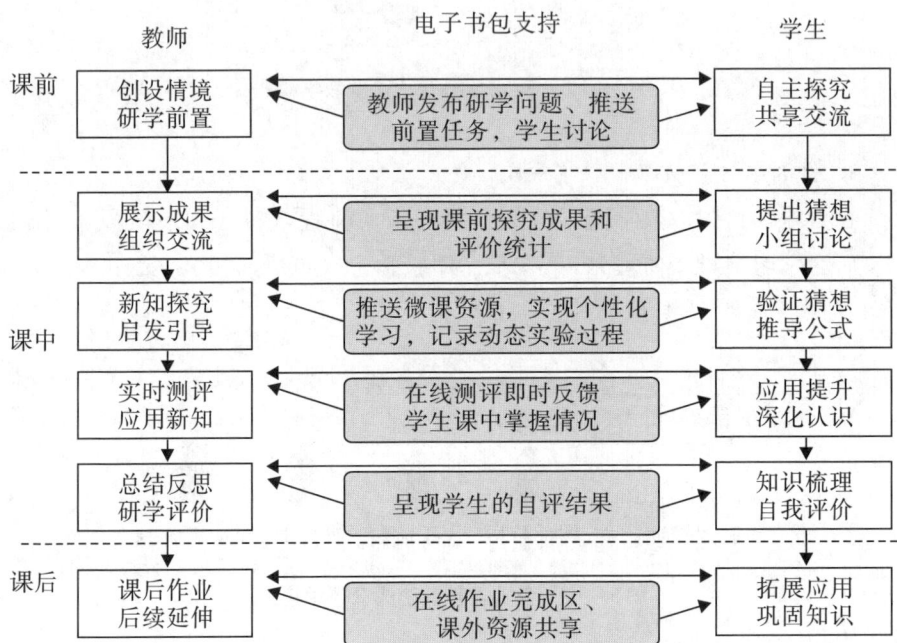

图 5-13　科学学科智动课堂教学模式

二、打造各学科个性化学习模式的教学案例

教师以智动课堂教学模式为指引,打造各学科个性化学习模式的教学案例。下面以语文、数学、英语三个学科为例,具体阐述各学科如何进行智动课堂教学模式的创新应用实践。

1. 小学语文习作智动课堂教学实践

在语文习作课程教学中,教师首先在电子书包上推送微课视频,创造情境,唤醒思维,激发学生兴趣。学生在情境中渐入佳境,深入体会阅读中的美;然后通过自主探究分析文章内涵,感悟文章精神意蕴;接着在小组合作学习中进行对话,品味文章含义;最后,小组之间互相交流分享,并进行自评互评,以加深对文章的理解。小学语文习作智动课堂教学模式如图 5-14 所示。

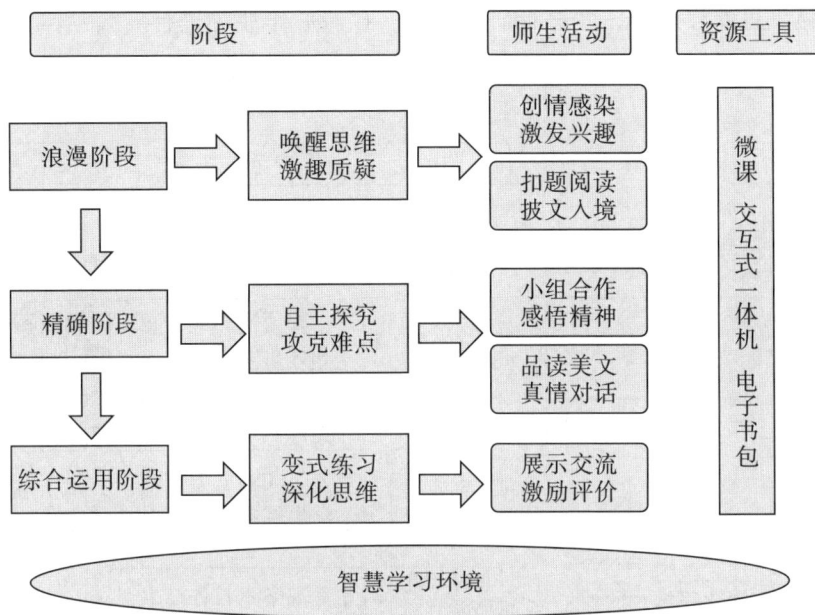

图 5-14 小学语文习作智动课堂教学模式

在这节课中，学生课前进行研学。在练习习作前，教师先让学生进行综合性学习并利用平板电脑拍摄其中一个场景的照片或录像，以增加学生的个人体验。学生利用电子书包在线输入习作并上传，互相分享学习成果。教师运用投票功能，实时了解学生的自评、互评情况，通过电子书包与学生进行私下交谈或个别指导。

课中，学生对优秀习作及典型"病文"进行点评，发表自己独特的见解；发现自己习作中存在的不足，主动修改，凸显主体性。

课后，教师在电子书包推送相关扩展性资源，学生自由选择感兴趣的阅读内容并完善习作，从而充分地支持了学生的自主探究，实现学生个性化发展。

2. 小学数学智动课堂教学实践

数学组教师经过长期的交流探讨，实践中探索出"翻转课堂"智动课堂教学模式，如图 5-15 所示。教师在课前通过电子书包发布研学问题，创设情境，激活学生思维；在课中启发引导学生获得新知，解决难点问题，并进行实践练习，学生在新的问题情境中深入思考、提炼升华；最后教师引导学生总结反思课程内容，并进行研学评价，在课后作业中进行后续延伸，使学生做到举一反三。下面以陈玉燕老师的数学课"打电话"教学为例进行介绍。

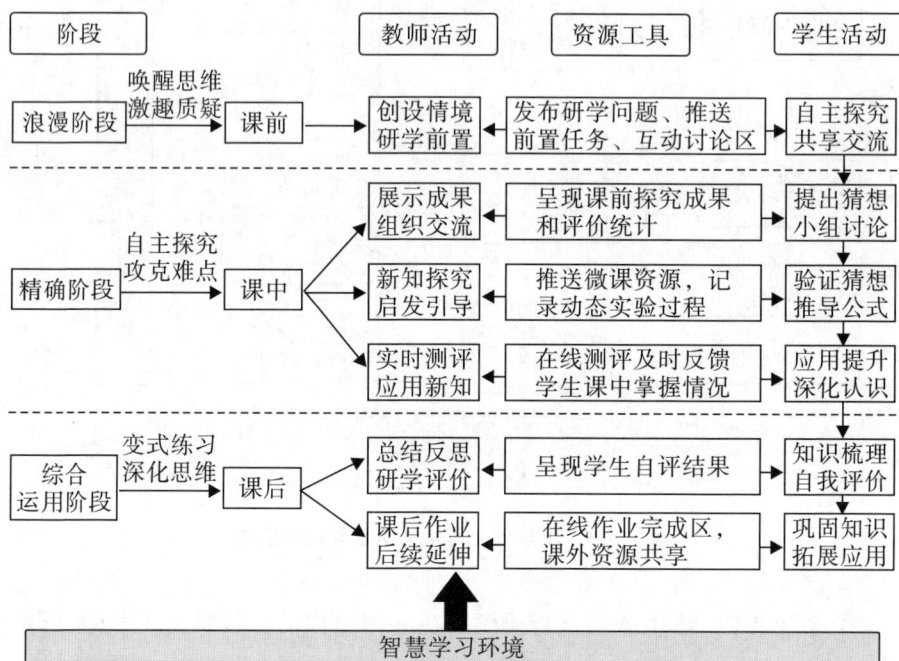

图 5 - 15　小学数学"翻转课堂"智动课堂教学模式

课前：教师在电子书包上备课，制作网络学案，发布课前研学问题及前置任务给学生。学生自主学习与思考，按照要求完成前置任务，并将相关内容上传至电子书包互动讨论区。

课中：为了检测学生的前置学习情况，教师可利用测试反馈发布课前导学测试，更好地开展课堂教学。学生课前探究汇报，提出问题，明确探究问题后，学生小组合作，使用"绘制打电话流程图"软件辅助画图完成探究，并截图上传到互动区共享，再进行在线呈现和汇报。为了实现个性化学习，教师在学案中推送了微课。

课后：教师收集相关的故事和趣味题放在学案中，学生可在电子书包中获得拓展任务和探究资源进行拓展学习。

3. 小学英语主题会话智动课堂教学实践

在小学英语主题会话教学实践中，采用智动课堂教学模式，使得学生在课堂中更加积极主动地学习（如图 5-16 所示）。首先，教师通过发布微课视频向学生介绍本节会话课程主题，并提出问题，引导学生进行学习。这样的方式既激发了学生的兴趣，又为学生提供了自主选择权，同时为后续的探究活动打下良好的基础。其次，在课上学生针对问题开展小组合作探究活动。再次，教师对学生进行分层指导，根据学生的实际情况进行个性化授课，使每个学生都能够充分地参与到教学中来。这种方式不仅可以促进学生之间的交流和合作，还能够培养学生的团队精神和思辨能力，达到知识传授和技能培养的目的。最后，教师通过游戏、互动、仿真等方式让学生进行模拟训练，进一步深化思维、内化知识，师生对不同小组的表现进行评价，总结反思课程内容。这样的教学方式不仅能够提高学生的兴趣和参与度，还能够促进学生学习效果的提升和教学效率的提高。

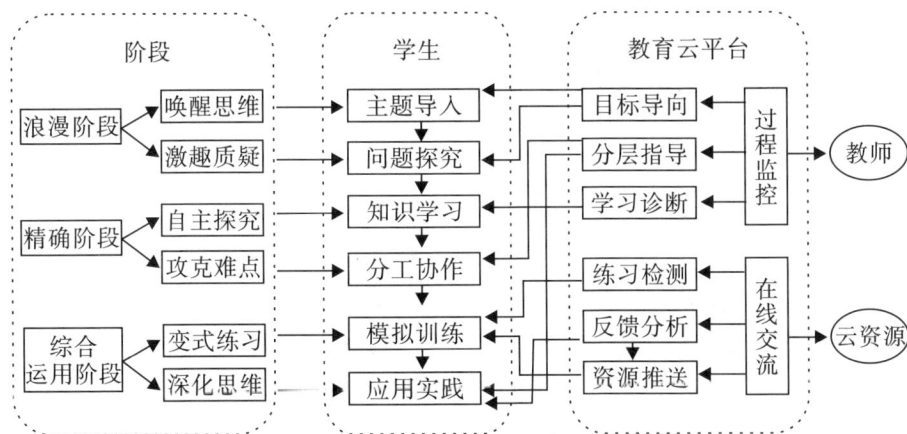

图 5-16 小学英语主题会话智动课堂教学模式

下面以吴少妹老师的英语课"Module 5 Relatives 主题绘本阅读课"教学为例，上课流程如图 5-17 所示。

通过以上的智动课堂教学模式，学生可以在愉悦的氛围中轻松地接受知识和培养技能，同时能够更好地发挥个体差异的优势，实现素质的全面提升。此外，智动课堂教学模式的形成也为学校提供了一种全新的、更加科学的教育教学管理手段，以保证教育教学质量的全面提升。

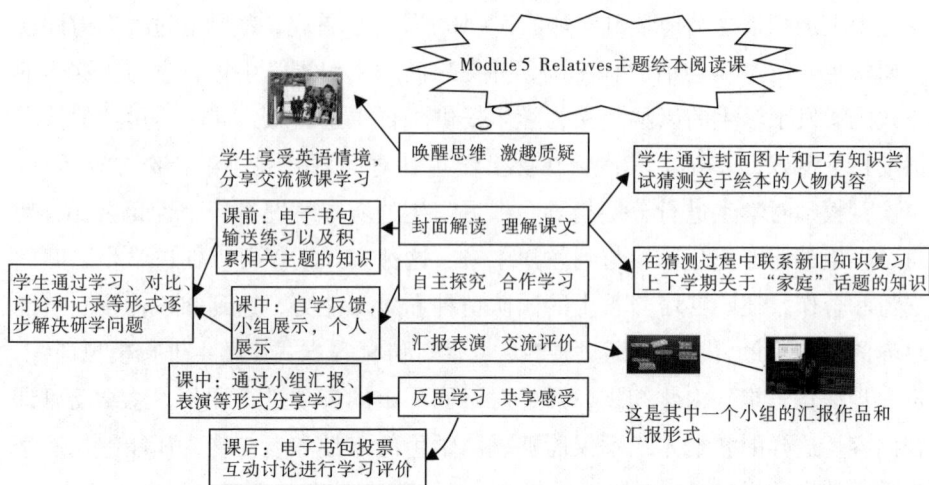

图 5 – 17 "Module 5 Relatives 主题绘本阅读课"课例流程

三、建立智动课堂评价体系

评价是课程的重要组成部分，有效的评价能更好地对课堂起到诊断、激励、调节与教学作用。

在智动课堂中，评价体系是提升教育教学质量的重要手段之一。学校采用诊断性、形成性、总结性评价分别对课堂浪漫阶段、精确阶段、综合运用阶段进行跟踪监测，评价教学全过程。这样的评价体系不仅考查了学生的知识掌握情况，还注重培养学生的思维能力和创新能力，在实现教学目标的同时，能够促进学生综合素质的提高。

此外，评价从结果导向的单一评价扩展到自评、他评等综合性、过程性的多维度评价，从注重评价的筛选功能扩展到注重评价的诊断、激励与预测功能。这意味着教师不再将评价视作单纯的排名标准，而是将其作为诊断学生学习障碍的工具、激励学生学习的动力、预测学生未来发展的指南。通过这样的评价体系，可以更好地发挥评价的指导作用，帮助学生更好地认识自我、完善自我，并且实现教育教学质量的全面提升。

智动课堂评价体系如图 5 – 18 所示，是一个系统化、完整化的评价体系。通过该体系，教师可以全面、准确地了解学生的学习情况和学习效果，促进教育教学目标的实现。同时，该体系能够为学校提供科学的数据支持，以帮助学校进行教育教学管理和决策。

教学阶段	评价方式	评价内容

浪漫阶段 → 诊断性评价 → 课前测试：利用预习中的练习题和任务，检测学生的知识掌握程度

精确阶段 → 形成性评价 →
- 随堂测试：把握学生的学习情况，调整教学进度
- 课堂提问：掌握学生薄弱点
- 组内评价：学习小组组内评价，给出建议，优化合作
- 组间评价：学习小组组间评价，思维碰撞，查漏补缺，优化改进

综合运用阶段 → 总结性评价 →
- 自我评价：自我回顾反思，批判分析，经验总结，提升感悟
- 教师评价：课程回顾总结，给予肯定，给出建议

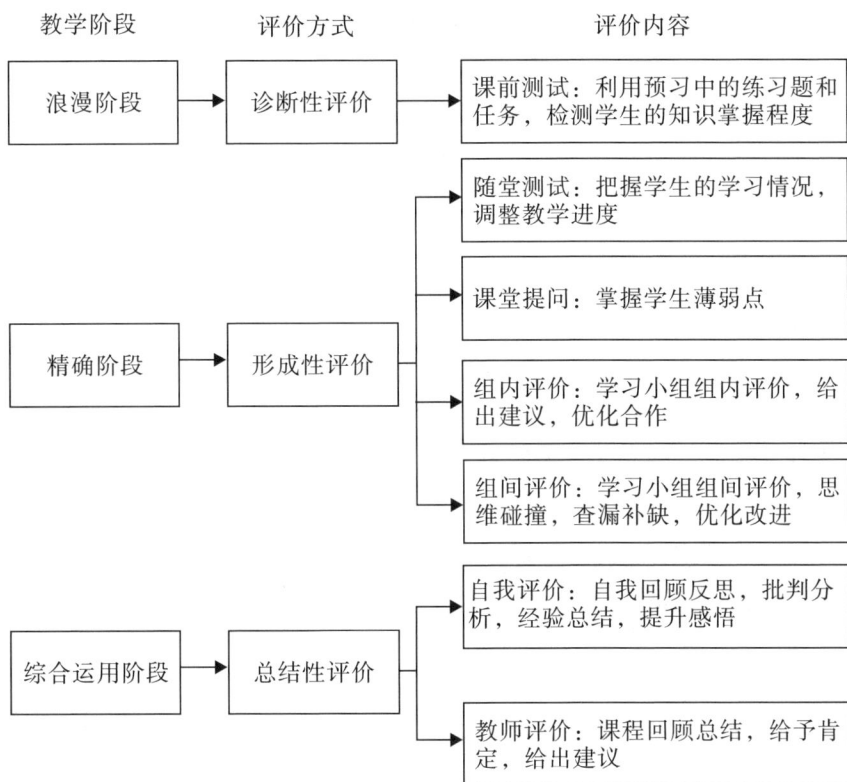

图 5-18 智动课堂评价体系

第四节 创新机制激发教师智慧成长

广州市番禺区实验小学将巴蜀小学"学科＋"与番禺区"融·乐"的课堂教学模式相结合，深化教学成果校本化实践，开展"学科＋技术"、智动课堂教学模式探索，致力于精品课例建设，力求实现学习体验情景化、教学呈现可视化、教学决策数据化、交流互动立体化、评价反馈即时化、资源推送精准化。

作为广州市基础教育国家级优秀教学成果推广应用支撑学校，广州市番禺区实验小学依托学科组融合教·学工作坊办学模式，基于原教师工作坊建设了涵盖语文、数学、英语和科学等不同课程的综合性教·学工作体系，为教师发展建立了互助平台。

智动课堂就是以教师之智启发学生之智、实现灵动生长的课堂。智动课

堂旨在促进教学之效和教学目标实现之度。教师借助科技手段，及时把握学生学情，科技应用十分准确。科技赋能教学的核心在于教师对学科及学科特征的把握。智动教育激活教育智慧始终在路上。下一步，学校将以教研为基础，因势利导，因校制宜地扎实推进校本实践研究，着力打造有特色的校本实践案例以提升办学质量，充分发挥辐射带动、示范引领等作用。学校应做好以下工作：

一、集智式教研工作坊

教研是提升教师专业发展的重要途径，也是提升教学质量与改善教学效果的重要方式。集智式教研工作坊依托协同教研社区、社交网络平台、移动录播系统等，围绕一个教研主题，汇聚教研专家、教研负责人、教研共同体、教研实践主体的力量进行研讨（如图5－19所示）。

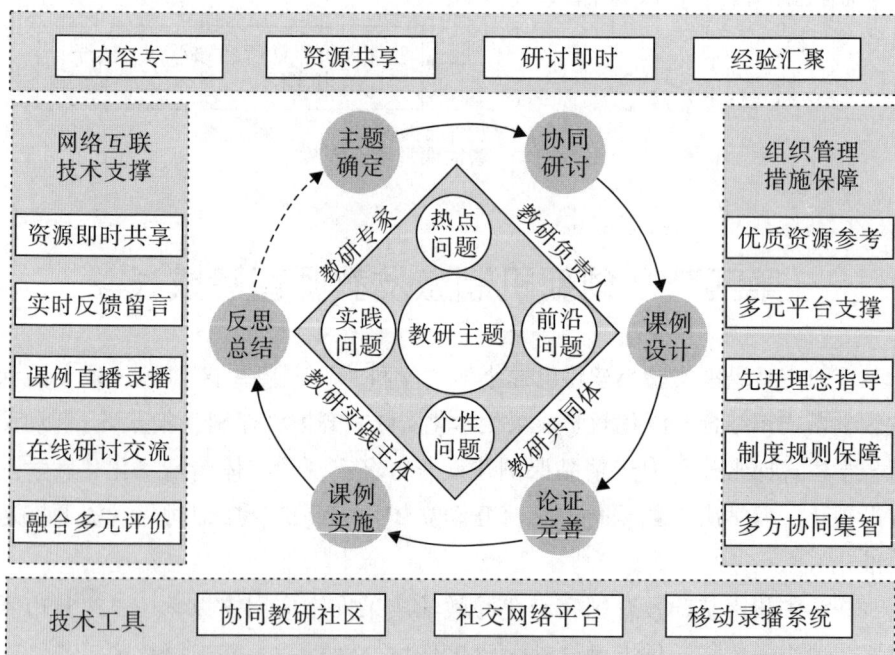

图5－19　集智式教研工作坊

一是持续开展网络研训活动。网络研训活动是当前教育界推广的一种新型教师培训模式，通过网络平台进行线上学习和授课，可以更加灵活、高效地传播教育理念和教学方法。学区同步教研活动、学科名师工作室建设、双师教学等都是网络研训活动的重要内容，这些活动可以提高教师的专业素养和教育能力，促进教师队伍整体素质的提升。

二是探索"互联网+"课堂教学新模式。随着互联网技术的不断发展，传统的课堂教学模式正在被重新定义和改造。在此背景下，探索微课制作、深度融合互联网技术与传统教学模式等，成为现代教育领域的重要探索方向。这些新模式的应用可以更好地激发学生的学习热情和创造力，实现知识的全面涵盖和深入探究，使课堂变成一个互动性和合作性更强的学习场所。

三是云启教育，智享未来。利用智慧教育示范区建设的优势，将教育和互联网技术有机结合起来，可以实现教育资源共享和教研网络化、专业化、常态化建设等目标，极大地提高了教育教研的效率和质量。同时还需要注重城乡教育一体化建设，让每个学生都能享受优质教育资源，进一步提升义务教育教学质量。这些措施的实施可以推动教育事业的不断发展和进步，为实现全面建设社会主义现代化国家的目标作出积极贡献。

二、以协同提升为理念的交流式教研

交流式教研是一种强调互动与合作的教育研究方式。围绕一个教研主题，通过课例展示、校际远程研讨、成果总结分享等环节，促进教师间的相互学习和探讨，进而形成优秀案例和成果，以促进教师能力的发展和教学质量的提升。通过这种方式，教师可以深入了解课程和教学内容，并借鉴其他教师的教学经验和方法，不断完善自己的教学技能，提高教学效果和教育质量（如图 5 - 20 所示）。

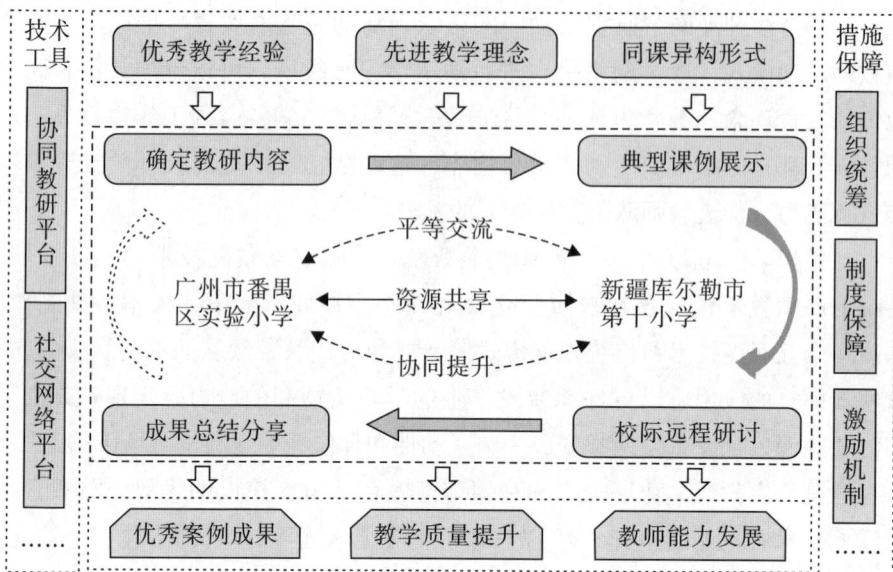

图 5-20 协同提升的交流式教研

（1）案例1：与新疆库尔勒市第十小学开展基于仁智网络学习空间的电子书包"双课堂"教学研讨交流活动。

为加快电子书包实验步伐、推动以电子书包为载体促进东西部学校的交流与帮扶，学校与新疆库尔勒市第十小学达成了基于电子书包建设的资源与经验共享、教学指导与帮扶的合作。

（2）案例2：粤港姊妹学校交流。

在广东省教育厅和香港特别行政区政府教育局的统筹推动下，粤港姊妹学校缔结计划于2005年启动。结对学校按各自的所长和目标，共同合作、积极交流，在学校的行政管理工作、教育教学研究、学生素质培养等方面互相学习和促进。学校通过与姊妹学校的联系，帮助学生开阔国际视野，面向世界，为迎接将来的各种挑战做好准备。

基于"以学定教，从教走向学"的理念，着力于课堂教学研究，开展大概念引领下的大单元教学实践。尤其在实践中要潜心研究、形成路径、质量提升，逐步形成指向高阶思维培养的"大概念—核心问题—核心任务"的教学研究范式。

交流比学增动能，深学互鉴促提升。完善区域教研、校本教研、联合教研机制，扎实推进课程教学改革，积极开展城乡一体化联研系列活动，以协同研修的方式，坚持"走出去、引进来"，取长补短，协同发展，将所学所思所悟运用到实际工作中，积极推动优质教学资源共建共享，为有效促进区域教学教研水平与教育教学质量同步提升作出努力。

基于大概念引领下的大单元教学实践注重核心问题和核心任务的挖掘和解决；教师在教学过程中要贯彻"理论联系实际"的原则，逐步形成指向高阶思维培养的教学研究范式，以提升自身的教育教学能力和学生的综合素质。

三、结对帮扶，共同成长

（一）姊妹学校结对，"三级"送教模式

广州市番禺区实验小学秉承"集优送需"的理念，集中校内优秀的资源与经验，分享给有需要的其他学校，形成了初步的送教三级模式，拟实现全方位、多层次的教育交流与资源输送。第一级为姊妹学校间结对与帮扶，这是送教最基础、最主要的层面。只有明确了姊妹学校间的结对帮扶，才能有针对性地结合所长，为姊妹学校提供有效的教育输送与帮助。第二级为举办形式多样的校园开放与资源、经验共享活动，这一级在第一级姊妹学校结对帮扶的基础上，积极举办形式多样的开放与共享活动，使得学校的优质资源与经验不仅可以输送到有需要的姊妹学校，还能更大范围地分享给其他学校与教师，进一步增加学校送教的分享广度，扩大学校的影响力。第三级为由"向外"的分享逐步深化到"向内"的分享，即通过对学生情况的摸底考察，在特殊情况或条件下，学校针对部分学生，如疫情防控期间部分家处偏远地区难以正常参与学校线上课程的学生和生病期间需长期在家休息的学生等，提供个性化的、小众化的云端送教，真正实现教育教学更加均衡与公平的发展。姊妹学校结对帮扶、学校教育经验与资源更大范围的共享、为不同需求的学生提供针对性送教三级模式，分别从夯实基础、扩大范围、加大深度这三个方面，实现了对送教模式的积极探索（如图5-21所示）。

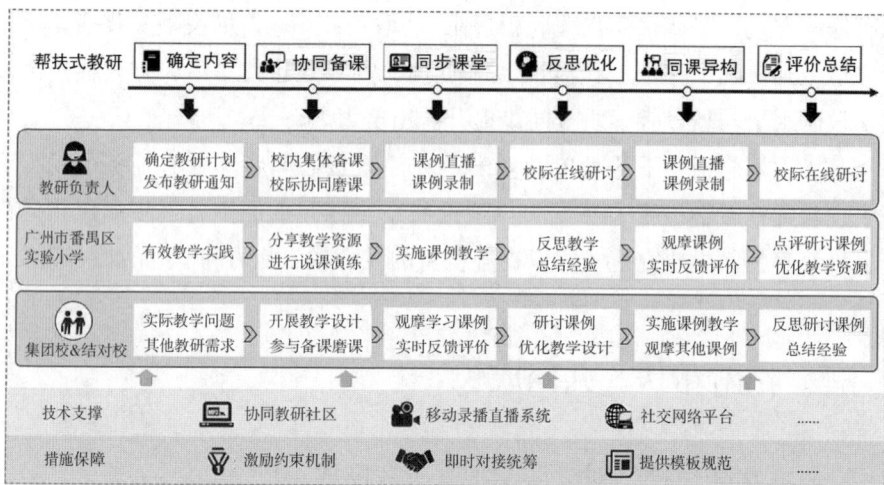

图 5-21　送教三级模式示意图

在教研负责人的引领下，学校与贵州毕节结对学校通过协同备课、同步课堂、同课异构等形式开展精准帮扶活动。

（二）推广智慧教育成果，在分享中共同成长

学校积极开展各种形式的推广与交流活动，以加大学校仁智网络学习空间建设成果与经验的推广力度：每学年组织一次开放日活动，邀请专家同行交流教学经验，总结展示教学成果；举办公开课活动，与西藏、新疆、香港开展跨区域合作，促进区域之间的教育互动和资源的共享；借助学校门户、学校宣传系统、微信公众号等推送宣传平台，加大宣传力度，在全市乃至全省发挥示范辐射作用。学校部分专题活动经验推广情况具体如表5-2所示。

表5-2　学校部分专题活动经验推广情况

推广方式	推广主题	推广对象
校本学习	语文科组汇报课展示	本校语文学科组教师
	"研学后教"小学数学教学研讨	本校数学学科组教师
	英语科组汇报课展示	本校英语学科组教师

（续上表）

推广方式	推广主题	推广对象
校际学习	"互联网＋深度教研"智慧校园课堂交流活动	广州市部分学校（云山小学、市桥沙墟第一小学、东城小学、市桥中心小学）
	广东省"互联网＋优课"教研展示活动	广东省部分学校
	研学后教（升级版）理念下，小学语文识字专题研讨活动	丽江小学、恒润实验小学、西一小学、西二小学
跨区域学习	"互联网＋教研"深度研讨活动之智慧校园示范校应用交流研讨	西藏、新疆、香港
	学校经验交流	新疆库尔勒市第十小学
	学校经验交流	香港仔圣伯多禄天主教小学

第六章

数据驱动的评价创新

第一节　大数据支撑的智慧教育评价

一、关于教育评价

教育评价是对教育活动满足社会与个体需要的程度作出判断的活动，是对教育活动现实已经取得的价值或潜在取得的价值作出判断，来实现教育价值增值的过程。从古至今按照人们对教育评价的观点来看，教育评价被视为根据一定的教育价值观或教育目标，运用可行的科学手段，通过系统地搜集和分析整理信息资料，对教育活动、教育过程和教育结果进行价值判断，从而不断自我完善和为教育决策提供依据的过程。

2020年10月13日，中共中央、国务院印发了《深化新时代教育评价改革总体方案》，对新时代的教育评价改革作出系统部署。这是首个由中共中央、国务院出台的教育评价改革文件，凸显了教育评价在新时代教育事业中的重要地位，在中国教育史上具有划时代意义。教育评价是我国教育治理的重要内容，也是人才培养的重要环节。教育评价需要紧紧围绕人才培养开展，引导广大教师回归教书育人，切忌将心思放在追求升学率上，着力促进学生德智体美劳全面发展，培养适应时代发展的创新型应用人才。同时，充分利用现代信息技术和科学的测量手段，探索学生、教师、家长等参与评价的有效方式，客观记录教师及学生的日常表现和突出表现，探索开展学生各年级学习情况全过程纵向评价、德智体美劳全要素横向评价，提高教育评价的科学性、专业性、客观性。完善评价结果运用，综合发挥其导向、鉴定、诊断、调控和改进作用。

根据评价的主体进行分类，教育评价可分为教师评价和学生评价。在教师评价中，坚持把师德师风作为第一评价标准；坚决克服重科研轻教学、重教书轻育人等现象，把师德表现作为教师资格定期注册、业绩考核、职称评聘、评优奖励首要要求；针对教师教育教学实绩、家校联系情况、思想政治素质进行重点考察。在学生评价中，以学生的德智体美劳综合素质作为评价标准，以科学成才的观念，杜绝分数评价论；采用过程性评价办法，利用综合素质评分体系，切实引导学生坚定理想信念、厚植爱国主义情怀、加强品德修养、增长知识见识、培养奋斗精神、增强综合素质。

二、智慧教育评价的内涵及特征

（一）智慧教育评价的内涵

当前有关智慧教育评价的研究较少，主要是对教育信息化评价的研究。焦宝聪等将教育信息化评价定义为根据一定标准，在系统、科学地整合、处理和分析教育信息化的基础上，评判教育信息化价值的过程。[①] 张晨婧仔等指出智慧教育评价就是包括评价人员、评价标准、评价方法、评价对象和评价目的等评价内容在内的动态评估过程，其目的是充分优化教育信息化进程，切实提高教育质量。[②]

智慧教育评价的发展应该以数字信息技术的进步为依据，与时俱进，创新发展。数字化转型背景下的智慧教育评价应当依托大数据、云计算、物联网等新一代数字信息技术，以多维度记录、全方位呈现和立体式综合评价等方式，探索基于教学与学习过程和结果的评价新机制，以提高教育评价的科学性、专业性、客观性。

---

① 焦宝聪，赵意焕，董黎明. 基于数据包络分析的教育信息化绩效评价模型［J］. 电化教育研究，2007（4）：38 - 41.

② 张晨婧仔，王瑛，汪晓东，等. 国内外教育信息化评价的政策比较、发展趋势与启示［J］. 远程教育杂志，2015，33（4）：22 - 33.

（二）智慧教育评价的特征

智慧教育是教育数字化转型的方向，从某种程度上来说，智慧教育评价的特征是其内在技术载体特点的释放。在物联网、大数据、云计算等信息技术的不断整合下，智慧教育评价呈现如下特征：

1. 评价内容的广泛性

由于智慧教育的涉及面广，因此对智慧教育的评价可以从多个维度进行。例如，可以考察智慧教育的建设过程，以评价智慧教育建设的效率与效果；可以评价教师的教学质量与学生的学习效果，进而及时掌握教师教学工作情况和学生的学习效果。正是因为智慧教育评价的维度多，所以评价内容和评价指标也更为广泛和复杂。

2. 评价方向的正确性

作为信息技术与教育深度融合的结果，智慧教育评价既强调教育过程的智慧性，也考察信息技术对教育的影响程度。合理的评价体系能及时发现智慧教育中存在的缺点和不足，进而采取措施对不合理的地方进行修正，这体现了评价方向的正确性。

3. 评价过程的智慧性

对信息技术的高度利用是智慧教育的显著特点。传统的教育评价往往由于难以收集评价依据或限于技术等而出现评价信息收集不全面的情况，容易导致主观评价或过于依赖经验判断。随着信息技术的不断发展，大数据、云计算等在智慧教育评价中的应用越来越广，评价手段也越来越先进，能更加直观、形象地了解智慧教育中的相关问题。

4. 评价主体的多样性

智慧教育的涉及面较广，其相关主体包括政府、学校管理者、教师、学生等。由于智慧教育建设是一个系统性工程，传统的评价方式要么限于技术水平，要么限于评价主体的不明确，在评价过程中难以全面反映智慧教育建设的真实情况。

三、智慧教育评价的优势与创新

随着物联网、云计算、大数据以及人工智能技术的飞速发展，技术已经渗透至社会各个领域，其中也包含教育行业，现如今技术正积极推动传统教

育走向智慧教育。越来越多的教育研究者敏锐地发现，传统的教学理论与方法已经无法解释新的教育现象，在指导智慧教育实践上显得举步维艰，所以我们需要建立新型的智慧教育理论来指导教育教学。教育评价作为教育教学的重要组成部分，在智慧教育理念下也有了新的内涵。智慧教育评价打破了传统教育评价的壁垒，创造出了支持多元智能评价的智慧评价环境，实现了从宏观群体走向微观个体，从单一评价走向综合评价。诊断性、过程性和终结性的教学评价也随着智慧评价的实践对象、内容和方法的变化呈现出一种新的景象。智慧教育评价的优势与创新主要有三点：一是促成多维评价空间生成；二是重构评价权利分配体系；三是"他我"评价与个体内生发展相统一。

（一）促成多维评价空间生成

以智慧教育数据为基础的智慧教育评价广泛涵盖物理空间、社会文化空间和信息空间内的教学活动，为开展多维空间的教学评价提供了可能。在一个完整的教学过程当中，教学本身就是一个信息流生成的过程。利用大数据、物联网以及人工智能技术进行数据采集，这些信息流会自动沉淀或被记录并保存。其中不仅包括学习结果的数据，还有多维空间内学习发生的时间、地点、与他人产生的关联等内容数据。数据挖掘、社会网络分析、统计分析等技术的发展将多维空间中的数据连接起来，为评价学生认知理解、学习风格与行为习惯、社会网络结构与情感表达等提供可能。在评判教育评价是否科学时，学习分析与评价自身也成为评判的依据，为教育评价提供持续的证据支持。

（二）重构评价权利分配体系

以数据为核心的智慧教育评价为消弭冲突、重构评价权利分配体系提供了解决方案。首先，所有的决策数据均来自多维空间中的教师和学生，差别在于数据的使用方式。以教学交互数据为例，学生可以通过数据分析评价自我学习投入表现，教师则以此作为反思教学的依据。在管理层面，这些数据又是评价教师教学能力、制订教师专业发展规划的重要参考。其次，在以教学数据为核心的体系中，参与评价的责任主体需要通过平等协商确立评价标准，每一个体都需要为自我行为负责，"促进学习"是各方共同努力的目标，也是评价各方价值的尺度。最后，在大数据环境下，所有关于教师和学生的评价均来自自然的、常规的教学过程，对所有利益相关者而言，评价结论是对过程表现的集中总结。正是基于这一认识，每一个体必将观省自我行为，同时对他人作出公正的评价。

（三）"他我"评价与个体内生发展相统一

智慧教育环境背景下的智慧教育评价将数据分析等需要消耗大量心力的活动从常规教学活动中分离出来，聚焦于教学本身。从评价实施的主体来看，有"他者"评价和"本我"评价两种形态。[①] 在智慧教育的数据支持背景下，二者相互转换，统一于个体内生发展过程。智慧学习场域下的"他者"评价凸显出技术推动教育工具的变化。借助智能分析技术，收集人的外显和内隐数据，展示人的体悟观察、情感判断与价值尺度，这是多维方向的融合。"本我"是基于证据的反思以及由此生成的潜意识。智慧教育支持的"本我"评价在形成上分为两个阶段：第一阶段是技术的深度参与让学生第一次能够利用技术的力量观省自身；第二阶段基于智慧教育的数据分析与反馈支持学生持续地开展"本我"评价，从而规范行为、形成模式、优化品质，最终形成一种习惯。

第二节 智慧教育评价的运作机制

一、大数据支持的教学分析

（一）教学分析的内涵

教学分析是提升教育教学质量的关键环节，可以帮助教师详细了解学生的学习需求，从而有针对性地调整教学内容，为学生提供合适的学习资源与便利的互动工具，满足其对学习内容和学习方式的个性需求，精准定位知识盲点，将教育资源有针对性地推送给学生，实现因材施教。教学分析的内容可归纳为两个方面：

---

① 毛刚，周跃良，何文涛．教育大数据背景下教学评价理论发展的路向［J］．电化教育研究，2020，41（10）：22－28．

线下数据和线上数据。线下数据指的是师生在传统的课堂学习过程中的教学与学习行为所呈现的数据，如出勤、课堂发言、课上小组讨论、课后作业、考试成绩等。线上数据则指的是师生在线学习所呈现的一系列数据，例如在线教学或学习时长、下载资源次数、参与线上讨论频次等。

大数据支持的教学分析能够智能分析教师教学与学生学习的差异，洞察教学规律，匹配教师的教学风格与学生的学习风格，形成良好的师生关系。通过对教学全过程大数据的采集、挖掘、清洗、统计与分析，可以实时掌握教与学的信息，以便及时对教学活动进行调整；可以对教师的教学风格、教学能力进行分析诊断，以便为教师的专业发展提供更专业的指导；可以对学生学习风格、学习情况进行评价诊断，根据诊断结果一方面可对学生学业进行预测，另一方面可以智能推送学习资源和学习服务，便于开展个性化教学；还可以对教与学进行智能评价，为优化教学管理与决策提供依据。按教学主体可将基于大数据的教学分析划分为大数据支持的教师主体分析和大数据支持的学生主体分析。

（二）大数据支持的教师主体分析

教师是教学分析的主体，只有对教师的教学风格、教学能力水平、专业发展情况进行系统分析，教育大数据在提升教师能力上才能真正发生作用。结合网络教学平台、网络研修平台、课堂教学行为等数据，对教师的教学、研修数据进行采集、汇聚、清洗与分析，将平时难以观察与分析的教学行为以量化的方式进行统计，并以直观化的形式进行呈现，为教师专业发展提供服务。

1. 教学风格识别

教学风格是在一定的教学理念指导下的一种教学观，稳定而成熟，具有教学的艺术性、教学的创造性、教学的实效性和心理品质的稳定性等特征。教学风格贯穿于教师的整个教学过程，是教学艺术与教师个性有机结合并达到稳定状态的结晶。由于每个人的道德品质素质、能力结构、气质类型以及对事物的感知和认知过程及方式具有差异，教师在教学过程中对各种教学元素的选择和组合也不尽相同，会有个体差异。

网络学习空间、网络研修平台为分析教师的教学风格提供了平台，通过收集教师常用的教学资源类型、采用的评价方式、组织的教学形式等数据，例如通过分析教师下载、上传、修改、优化不同种类资源的数据，推测教师信息化备课情况，从累计数据可以分析出备课趋势分布，从访问次数可以分析出教师备课的重难点。这一分析使教师能够更方便快捷地找到适合自身特点和优势的教学风格，这不仅有利于教师自身的专业成长，也对提高教学质量有重要影响。

2. 教师专业发展能力测评

教师专业发展是指教师在专业思想、专业知识、专业能力等方面不断发展和完善的过程，是从专业新手到专家型教师的发展过程。教师专业发展能力具体体现在教学能力上，而教师教学能力是一个既具体又抽象、既简单又复杂的概念。从开展教学活动的角度来看，教学能力可以分为数字化学习能力、网络研修和社群协作的能力、课程设计与开发能力、混合式教学能力和数据分析与数字化评价能力等方面。数字化学习能力主要是指教师运用信息技术开展学习和基于技术进行知识管理的能力；网络研修和社群协作的能力是指开展基于网络的备课与研修，进行资源传递、知识分享与互动交流的能力；课程设计与开发能力是指数字化教学设计与网络课程开发的能力；混合式教学能力是指"线上＋线下"混合教学的能力；数据分析与数字化评价能力是指基于大数据的可视化报表分析学生学习情况的能力。

教师专业发展能力测评可以通过其外显行为反映，利用网络研修平台记录教师在继续教育学习平台、网络教研平台和智慧教学系统等平台的表现情况，对教师的教研、教辅、课题申报、专业竞赛、论文等数据进行汇聚分析，追踪教师成长历程，形成教师成长档案。

（三）大数据支持的学生主体分析

学生是教学分析中的基本单位，教学分析只有落实在学生身上才能对学生的学习发生作用。

首先，针对学生的教学分析要将定量与定性相结合。利用数据深入挖掘教学信息，深入学生内在的知识结构、能力结构以及从学科素养的角度去分析学生间存在差异的内部原因，探求学生知识、技能、思维、心理发展的内在差异，深刻剖析教学问题，寻求改进的有效途径和方法。

其次，针对学生的教学分析要体现个性化。深入分析学生对知识理解的深入程度和掌握的全面程度、运用知识解决问题技能的熟练程度和思路方法的丰富程度、学科思维的发展程度和个人心理品质等内容，帮助学生找到发展的优势以及存在的问题，并针对学生的问题进行个性化指导。

最后，针对学生的教学分析要全面。让学生全面、准确掌握自己的学业水平发展和状况，进行自我学习诊断和学习反思，总结学习方法和经验，发现存在的不足和问题。

1. 学习风格识别

学习风格是指学生持续一贯的带有个性特征的学习方式和学习倾向，不同学生在相同的学习环境中会表现出不同的学习水平和质量，往往具有不同的学习风格。通过对大量相关数据的采集和分析，能够发现隐藏在每个学生背后的学习偏好和学习模式，为学生提供个性化学习环境和学习建议，促使教师更好地教、学生更好地学，从而提高学习效果。

在大数据环境下，对学生学习活动所产生的海量数据和学习分析过程所产生的中间数据进行分析，确定学生学习风格类型，为其提供合适的教育资源，从而提高学生的学习效率与学习效果。依托相关教学平台、工具或软件自动跟踪记录学生的学习过程，收集学生的浏览兴趣、浏览记录、浏览时长、学习行为数据以及个人身份等具有标识性的信息，精准定位学生的需求与偏好，为学生定制个性化资源并实现实时动态推送。

2. 学生起点能力评估

起点能力是指学生在学习某一特定的学科内容时已经具备的有关知识与技能的基础，以及学生对这些学习内容的认识和态度。学生起点能力的分析一般包括三个方面：认知结构分析、认知能力分析以及学习态度分析。认知结构分析主要是了解学生现有的知识数量、清晰度以及组织结构，帮助学生把教学内容与自己原有的认知结构联系起来；认知能力分析主要是了解学生在不同认知发展阶段表现出来的感知、记忆、思维、逻辑想象等方面的特征，从而依据学生的不同发展特征设计和实施教学，以达到有效教学；学习态度分析主要是了解学生对将要学习的内容的兴趣，了解学生对所学学科是否存在偏见或误解，为如何培养学生正确的学习态度给出建议。

大数据技术为学生起点能力分析提供了更为可靠有力的数据支撑。基于大数据视角的学生起点能力分析，不仅要进行群体性的起点能力测评，还要进行个体性的学生能力分析。通过对学生的课前测验、课堂表现、个人汇报分享以及教学平台上大量的过程性数据进行分析（其中课前测验应包括基础性问题、中等性问题和稍难性问题等），教师得以更清楚地了解学生基础知识的储备量。此外教师还可以分析整理学生的错题，生成错题本，使学生可以随时复习，形成学生学习档案，从而可以建立一套学生专属的个性化学习体系，帮助学生改进学习，同时帮助老师准确地掌握学情，并将其落到实处，实现分层课堂、因材施教的有效教学。

3. 学生综合素质分析

大数据为学生综合素质分析带来了全新的思路，增加了学生综合素质分析的深度和广度，运用信息技术为教师创造快速、全面及成本较低又能客观公正反映学生现在和未来实际的评价体系，这是一个非常有意义的研究方向。首先，树立大数据思维方式，建设与完善学生教育信息化平台。将过程与结果做数据化转化，将学生生活、学习及未来工作的全过程情况数据化，综合分析学生成绩结果等结构化数据、学习过程中文档表格等非结构化数据、学习过程中的情况较复杂需要变换数据结构的半结构化数据。其次，多方面采集学生数据，形成包括思想品德、行为规范、公益、科研、创新团队、诚信等多方面关联度较大的数据信息链，除对结果数据进行采集外，还需做好过程数据、实时数据、历史数据的收集，建立学生在校期间的全量教育数据库，并充分利用数据进行决策。最后，建立融合结构化、半结构化、非结构化数据的发展性分析模型，对采集到的数据进行分析处理，形成个性化的综合素质分析模型。

二、基于课堂数据的评价创新

（一）课堂教学的评价需求和评价内容

在日常的课堂教学中，对于教师教学水平的评判一般都是通过教学评价展现出来的。教学评价是对教师在一个阶段里教学工作质量的评定，其中以对学生成绩的评价、对教师教学质量的自我评价和对课程的评价为主。教师在开展教学评价时，应注重突出学生的主体性和方式的多样性，从而充分发挥课堂教学评价对课堂教学效率的提升作用。

1. 课堂教学评价需求

在教材和课程的改革下，课堂教学评价变得越来越重要，它可以有效衡量和评估在某一时间内教师教学的质量与学生的表现。教师可以将课堂教学的自我评价和学生对教师的评价作为今后教育教学中的方法方式的指导内容；学生可以通过课堂教学评价端正学习态度和修正不良学习习惯。课堂教学评价标准可以由学生和教师双方共同探讨和制定，根据科学性的原则来进行教学质量的评估。课堂教学评价是对教师、学生以及课堂质量三方面较为全面的评价。在一定情况下，课堂教学质量的高低可以通过课堂教学评价反映出来。故课堂教学评价是学校教育教学中不可缺少的一部分。[①]

2. 课堂教学评价内容

（1）教师评价。

在我国的教育教学评价中，对于教师的教学评价主要分为两种：第一种是教师对自己的课堂教学质量进行自我评价，这种教学评价主要是教师通过自我判断得到课堂反映的情况。第二种教学评价是由有关教育部门组织的，通常是组织专家组深入课堂对教师教学质量进行评定。专家组通过听课、评课、翻阅教师批改的学生作业、随机走访学生等来对教师的教学质量进行评价。这种教学评价方式能较好地反映教师教学水平的高低以及学生对于教学的满意程度。

（2）学生评价。

根据学生培养目标和实际需求，对学生进行各方面的评价。评价内容可分为：政治思想评价，主要涉及学生的政治思想、品德、态度、行为、情感等；学力评价，即各科学习效果以及学习过程的诊断性、形成性、终结性评价；智能评价，即组织学生进行智力测验，测验结果供学生学习及升学就业参考；体质健康评价，即对学生的身体发育、体力、精力、卫生习惯等作出评定；审美意识评价，主要测评学生的审美鉴赏能力与美育技能水平；劳动技能评价，即对学生劳动态度、劳动知识和技能作出判断；个性发展评价，即对学生的兴趣爱好、意志品质及个性特长进行评定。此外，学生评价还包括学生学习生活环境评价，为的是了解学生受教育环境和家庭状况，以及学校、家庭周围的社会状况和交往关系。

（3）课堂教学质量评价。

课堂教学质量评价是具有评价资格的多元评价主体按照客观、精确的评价指标，采用科学、合理的评价方法对教师的课堂教学活动作出的评价。客观、精确的课堂教学质量评价有利于实现教师个人职业发展，提升课堂教学质量。课堂质量评价基于课堂教学评价作出，依据教学评价的理论和技术手段对教师在课堂教学中的教学态度、教学内容、教学方法与手段及教学效果等方面进行整体评价。课堂教学质量评价的对象是教师的课堂教学活动，课

---

① 王玉珍. 浅谈课堂教学评价的多样性［J］. 学周刊，2020（30）：93-94.

堂教学质量评价的目的是促进教师职业发展、提升课堂教学质量、提升教师教学水平，并总结经验，推广优秀的教学方法。考评、奖惩教师不是课堂教学质量评价的目的。

（二）基于智能测评的课堂教学评价

近年来，教育大数据、学习分析和网络学习平台的逐步发展使得学习轨迹不仅能够被记录进而形成学习全过程数据链，而且能够为学习过程和结果的个性化分析和测评提供支持。而随着以深度学习、机器学习、自然语言处理等为代表的人工智能技术兴起，测评技术更加智能和精准，基于学习内容和结果可以对学生的知识和能力水平进行智能测评，以更好地服务于认知诊断。

1. 智能测评概述

智能测评是一种自适应学习系统，能够自主指导学生进行知识和技能学习，具有主动性和便捷性。智能测评在教学中的应用体现在三个层面上，一是依旧以人为教育主体，通过建立不同的模型与预先设置的知识库之间进行数据传输来实现智能教学，例如学生模型、教师模型和知识模型等；二是通过语音识别技术接收更多形式的数据，并与知识库进行实时传输；三是增强了机器学习能力，便于了解学生的学习习惯和感知学生的情绪，提供更具针对性的学习建议，实现深层次的应用。

2. 智能测评的理论基础

多元智能理论是智能测评的主要理论基础。霍华德·加德纳于 1983 年提出多元智能理论，被誉为"多元智能之父"。多元智能包括语言智能、逻辑数学智能、空间智能、肢体运动智能、音乐智能、人际智能、自我认知智能、自然智能和加德纳后来补充的存在智能。依据多元智能理论对学生在测评题目、观点表达、行为路径等方面进行内容和行为解析，获取学生在语言、数理逻辑、空间、人际等方面的个性特征，有助于创新型和个性化人才的培养。

3. 基于智能测评系统的教与学应用

智能测评在教育中的应用应当以面向个性化学习为宗旨，在学习任务上以学习能力为评价起点，基于能力水平智能匹配学习任务以实现有效学习；在学习路径上以内容掌握为评价标准，依据测评结果提供个性化学习路径以实现高效学习；在学习过程上以活动参与为评价对象，依据学习行为特征识别出学生个性化优势以进行个性化培育；在学习目标上以学习表现为评价结果，依据知识掌握和能力水平描绘个人知识地图，以精准定位学习状态并据此合理设定目标。个体学习风格和能力的差异使得智能测评要以内容掌握为常量，以内容掌握时间为变量，根据学生的掌握程度和进度动态规划学习内容和活动路径。在设计和分析上应当对学科知识点进行属性标记，包括难度、掌握程度、学习状态等。其中，难度分为简单、中等和困难；掌握程度分为未掌握和已掌握；学习状态分为待学习、进行中和已完成。基于测评结果对知识学习状态进行评估，进而动态优化后面的学习路径，使学习能够循序渐进并更加有效。

三、基于证据（数据）的学生综合评价

（一）学生综合评价意义和目标

随着国家教育体制改革的深入推进，国家领导人讲话与系列重大政策文件中多次强调社会主义办学方向、立德树人根本任务和德智体美劳全面发展的教育体系。2018年9月，全国教育大会强调，"新时代新形势，改革开放和社会主义建设、促进人的全面发展和社会全面进步对教育和学习提出了新的更高的要求"，并明确指出"要努力构建德智体美劳全面培养的教育体系"。2020年10月，中共中央办公厅、国务院办公厅印发《关于全面加强和改进新时代学校体育工作的意见》和《关于全面加强和改进新时代学校美育工作的意见》，强调学校体育是实现立德树人根本任务、提升学生综合素质的基础性工程，美育是审美教育、情操教育、心灵教育，也是丰富想象力和培养创新意识的教育。

教育评价是我国基础教育改革的难点，深化教育评价改革，就必须高度重视以促进学生全面发展为目标的学生综合素质评价。2020年9月，习近平总书记在教育文化卫生体育领域专家代表座谈会提到，"要坚持社会主义办学方向，把立德树人作为教育的根本任务，发挥教育在培育和践行社会主义核心价值观中的重要作用，深化学校思想政治理论课改革创新，加强和改进学校体育美育，广泛开展劳动教育，发展素质教育，推进教育公平，促进学生德智体美劳全面发展，培养学生爱国情怀、社会责任感、创新精神、实践能力"。2020年10月，中共中央、国务院印发《深化新时代教育评价改革总体方案》，方案明确指出，"改革学生评价，促进德智体美劳全面发展"，"破"以分数给学生贴标签的不科学做法，"立"德智体美劳全面发展的育人要求，相应提出树立科学成才观念、完善德育评价、强化体育评价、改进美育评价、加强劳动教育评价、严格学业标准和深化考试招生制度改革七项重点任务。

　　教育评价问题是亟须解决之大问题，系列讲话与相关文件为新时代深化教育评价改革、落实立德树人任务、破除"五唯"顽疾和扭转不科学的教育评价导向指明方向并提供法理依据。作为教育评价制度改革之关键环节的学生综合素质评价，是"坚持立德树人，全面实施素质教育，培养德智体美劳全面发展的社会主义建设者与接班人"教育方针的集中体现与深刻践行。

（二）基于证据的学生综合评价范畴

　　以立德树人为根本任务，以德智体美劳全面发展为育人要求，采用统一的数据采集标准与使用规范，依托学生综合素质评价指标体系和评估模型，对育人全过程的学生数据进行全方位、多层次的伴随性采集、动态分析和横向比较，评价范畴包括学生的思想品德、学业水平、身心健康、兴趣特长、实践活动等，最终实现规模化和精准化的综合测评，提高教学服务供给与学习需求的匹配度，优化教学服务质量和效率，实现教育服务的有效优质供给，促进学生的全面发展。

　　1. 基于证据的学生德美修养评价

　　利用物联网、网络学习空间等技术和平台，对学生物理和虚拟空间的日常行为表现与习惯进行监督，客观记录相关数据。根据学生不同阶段的身心发展特征，尤其就践行社会主义核心价值观等情况，对学生德育进行评价。利用网络学习空间，数字化记录学生参与艺术类课程学习活动、艺术实践活动和鉴赏活动的成果与过程，将此作为学习评价的规范学习证据，以帮助学生提高艺术素养，提升学生感受美、表现美、鉴赏美、创造美的能力。

　　2. 基于证据的学生身心健康评价

　　利用可穿戴设备，掌握学生在课堂或课外的日常体育参与情况；通过采集与分析学生实时心脑数据、肢体活动数据、活动范围数据等数据信息，监控学生运动强度、运动安全，结合体质健康监测结果与专项运动技能考核数据，为教师提供翔实的学生体育锻炼行为和状态信息，以便给出决策参考建议，为学生提供个性化指导，引导学生养成良好的锻炼习惯与健康的生活方式。利用可穿戴设备收集学生数据，通过数据访问与日志跟踪，实现对学生活动等内容的检测，有助于准确发现学生个人活动和社交活动的异常情况，及时进行干预。

第三节 仁智成长时光综合评价体系

教育评价是我国教育治理的重要内容，也是人才培养的重要环节。广州市番禺区实验小学搭建仁智成长时光多元评价平台，构建"家校社"融通机制，以多维成长记录、科学成长评估和立体成长展示创新综合评价方式，探索开展学生各年级学习情况全过程纵向评价、德智体美劳全要素横向评价，提高教育评价的科学性、专业性、客观性。

一、主要内容

（一）"5＋N"的评价维度

为深入贯彻中共中央、国务院关于印发《深化新时代教育评价改革总体方案》的精神，积极推进学生评价改革，培养德智体美劳全面发展的社会主义建设者与接班人，学校以立德树人为导向，以科技赋能评价，创新评价形式，形成"5＋N"仁智成长时光综合评价体系。"5"即德智体美劳五个维度，"N"指个性特长发展（如图6-1所示）。

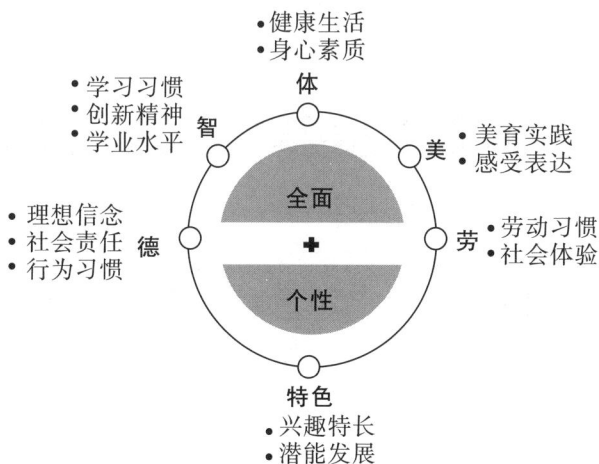

图6-1 "5＋N"的评价维度

（二）多元智能评价

仁智成长时光多元评价平台采用"教师、学生、家长"多角色端口可视化评价方式，打破学校与家庭的壁垒，让家长与学校教育同步，践行科学的育人方式，摒弃唯分数论，实现家校教育共进、共赢，形成"1+1>2"的格局（如图6-2所示）。

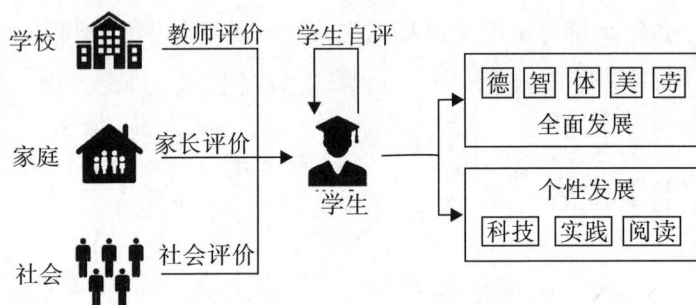

图6-2 仁智成长时光多元评价平台

（三）大数据支撑分析

仁智成长时光多元评价平台通过大数据，随时随地采集学生个人、班级、年级、学校的综合或单项成长数据，生成评价报告，让成长可视化、教育精准化，有利于教师、家长因材施教，实现学生可持续发展、全面发展和个性化发展（如图6-3所示）。

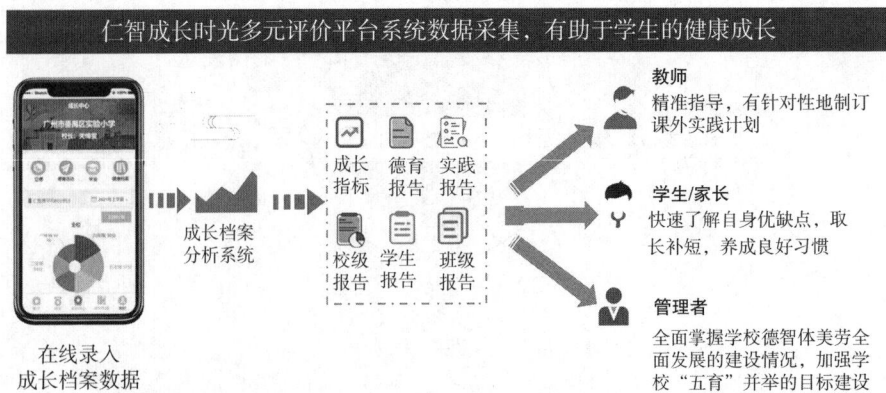

图6-3 仁智成长时光多元评价平台系统数据采集

该平台依托大数据技术进行网络评价，形成了多维成长记录，支持多角色、多类型、多渠道数据采集，教师、家长、值日生、中队长可以在模块中记录校内校外学习和生活的点点滴滴，将学习和生活轨迹数据化；平台自动评估学生学习和生活情况，生成图标报告，利用大数据、云计算、学习分析等技术评估分析学生各项数据，生成各项能力指标、图文报表；教师和家长通过仁智成长时光多元评价平台的生活圈、排行榜、成长时光档案袋查看学生的成长轨迹，分享学生的成长故事，评估分析学生的成长历程，助力学生健康成长。

二、构建的思路

（一）完善顶层设计，形成学生综合评价体系

广州市番禺区实验小学在"以仁爱为本，以智慧为美"办学理念的指导下，明确教育的核心是"人"。因此，在以人为本的原则下，学校从环境、课程、活动、评价等方面探索多重发展路径，最终落实育人目标：培养全面发展的仁智好少年。学生评价作为其中一个重要环节，也将落实立德树人的任务，遵循教育规律，依托现代信息技术，形成多方主体操作的、独具特色的仁智成长时光综合评价体系。

（二）具体部署，细化学生综合评价内容

根据中共中央、国务院印发的《深化新时代教育评价改革总体方案》中提出的"改革学生评价，促进德智体美劳全面发展"的重点任务，将学生综合评价划分为德育、智育、体育、美育、劳动教育等维度。此外，结合共青团中央、教育部、全国少工委制定的《关于构建阶梯式成长激励体系　增强少先队员光荣感的指导意见》里《"红领巾奖章"实施办法》中提出的"为切实增强少先队员光荣感，构建人人可行、天天可为、阶梯进步的'红领巾奖章'评价激励体系……'红领巾奖章'作为少先队组织日常开展教育活动和评价激励的重要载体"，学校针对德智体美劳全面发展和个性发展分别设置了立德章、立志章、健体章、艺术章、劳动章和小主人章，作为"红领巾奖章"基础章，将"红领巾奖章"评价激励体系融入仁智成长时光综合评价体系，融入学生成长的全过程，不断增强学生作为少先队员的光荣感（如表6－1所示）。

表6-1　"红领巾奖章"评价激励体系

维度	对应奖章		内容阐述	实施主体
德育	立德章		主要通过行为习惯、公民素质、理性信念等关键性指标，考查学生品德认知和行为表现等方面的情况	社会、学校、家长
智育	立志章		主要通过各学科期末考试成绩，考查学生各学科课程内容的掌握情况	学校
体育	健体章		主要通过身体机能、健康生活方式等关键性指标，考查学生身体素质和心理素质等方面的情况	学校、家长
美育	艺术章		主要通过艺术技能、审美修养等关键性指标，考查学生艺术修养和艺术爱好等方面的情况	学校、家长
劳动教育	劳动章		主要通过家务劳动、学校劳动、社会劳动等关键性指标，考查学生劳动思想、劳动习惯等方面的情况	学校、家长、社会
个性发展	小主人章	科技	主要通过参与科技项目、参与实践项目、智慧阅读平台数据等关键性指标，考查学生学习的主动性、积极性和个人爱好等方面的情况	学校、家长
		实践		
		阅读		

（三）创新形式，科学表达学生评价指标

在具体评价中，学校不断创新具体的评价内容和评价方式。如德育维度较为抽象，则从两个方面寻找具体事件进行观察、评价：一是学生在校表现，如卫生清理、公物保护、言行举止等；二是由家长提交相关材料，根据学生家庭表现、社会表现等进行评价，引导教师和家长全面客观看待学生，从而形成教育合力，形成各个维度的具体评价内容与评价细则。

三、应用价值

（一）依托人工智能综合平台，让评价可视化

依托微信小程序，学校打造多角色端口可视化评价平台系统——仁智成长时光多元评价平台。平台设有校长、级长、班主任、家长多个角色端口：

家长端有家长评、学生自评；学校端有师评。每个角色都有相对应的评价权限，例如班主任有权限在立德章中对学生德育品行进行评价，在家长提交学生的荣誉奖状之后班主任有权限审核其是否通过等。平台强化了评价的即时性，例如 A 学生拾金不昧，而 B 学生未佩戴红领巾，教师可在立德章分别对其进行优秀评价或扣分，班主任和家长都能够看到其他教师的即时评价，这种方式在很大程度上提高了评价的即时性和有效性。

（二）借力多元数据信息系统，让评价增值化

仁智成长时光综合评价体系强调多元主体的共同参与，构建了"学校—家庭—社会"融通机制，为全方位考查学生、培养学生提供更多的途径。校长可以查看每个年级、每个班级甚至每个学生的实时动态，详细的数据信息还能够以直观、清晰的图表形式呈现，使校长对全体学生的表现有整体的把握。班主任和科任教师可查看班级学生的成长记录，包括活动表现、行为记录、学业跟踪等信息，还可追踪学生小学六年全过程数据，帮助学生横向发现自己的优势和不足，纵向看见自己的成长和进步。学生和家长可以实时查看学生的成长档案，了解学生每月、每学期的成长轨迹，让学生与"昨天的自己"比较，这关注的不是学生的起点是否够高，而是学生在过程性发展中的成长，为学生提供更多的发展可能性，真正地使评价增值化。

（三）形成综合评价体系，让评价全面化

改革学生评价，要坚决改变用分数给学生贴标签的做法，严格学业标准、完善德育评价、强化体育评价、改进美育评价、加强劳动教育评价、关注学生个性发展评价，构建综合评价体系，让评价更加全面。仁智成长时光综合评价体系从"全面发展＋个性发展"出发，提升学生的综合素质。例如，教师可通过平台发布安全教育、健体、劳动、科技、实践等打卡任务，学生完成相应任务后提交至平台，由教师进行评价，以此作为学生综合发展的学习反馈。这样的评价反馈包含情景化、案例化、个性化的内容，能够更好地反映学生的综合素质，促进学生的全面发展。

经过脚踏实地的研究和实践，仁智成长时光综合素质评价体系展现了深远的应用价值，不仅对于学生个性化全面发展有积极促进作用，也能帮助教师开展差异化教学。教师针对不同班级调整自己的教学进度，进行合适的课堂活动，以及设计合理的作业等。同时，该体系能推动学校实现精准化管理，

实现家校融合化共育。仁智成长时光多元评价平台的运用架起了一座坚实的家校沟通桥梁，实现了学校与家长之间无缝的信息共享与及时沟通，还实现了学校、家庭之间的双向监督，让家长真正参与到对学生的评价之中，及时掌握学生的成长情况。